LA PROBLÉMATIQUE DE LA CRÉATION D'UNE MONNAIE UNIQUE EN AFRIQUE CENTRALE

Clément BELIBANGA

LA PROBLÉMATIQUE DE LA CRÉATION D'UNE MONNAIE UNIQUE EN AFRIQUE CENTRALE

Préface de Edmond Gnipkingo Gbègouda

L'Harmattan

***

5-7, rue de l'École-Polytechnique – 75005 Paris
www.editions-harmattan.fr
ISBN : 978-2-343-21740-6
EAN : 9782343217406

À mon frère aine Tobie, qui m'avait poussé à faire de longues études.

À François Wilfried Péhoua, qui a été longtemps dirigeant de la banque des États de l'Afrique centrale (BEAC). J'échangeais avec lui sur des questions monétaires, dont certaines sont traitées dans ce livre.

Au docteur Claude Conjugo, martyr de la démocratie centrafricaine.

À ma fille Lèko, disparue tragiquement et n'a pas connu l'adolescence.

PRÉFACE

C'est avec un réel plaisir que j'ai accepté de préfacer le livre de mon petit frère Clément Bélibanga. Docteur en sciences économiques et bardé d'autres diplômes aussi prestigieux et de haut niveau dans des universités de France et de Navarre, comme Toulouse et Orléans. Il a occupé de hautes fonctions d'enseignant, de doyen à l'université de Bangui et de ministre dans son pays.

Clément est le fruit de cette vision qui dérive de notre militantisme sincère au sein de l'association des étudiants oubanguiens (AEO) devenue union nationale des étudiants centrafricains (UNECA), section territoriale de la fédération des étudiants d'Afrique noire en France (FEANF), pour une Afrique indépendante et unie.

Mon plaisir est d'autant plus grand que le livre du ministre Clément Bélibanga porte sur un sujet très cher à la banque africaine de développement où j'ai travaillé pendant 26 ans, Chargé de Prêts et Économiste. Conduisant souvent des missions dans nos pays membres et en particulier la mission conjointe avec la Banque mondiale et les autres partenaires pour la création de l'union monétaire ouest africaine (UEMOA), l'une des institutions d'intégration relativement réussie en Afrique dont fait état avec lucidité Clément Bélibanga qui est aussi Commissaire représentant son pays, la RCA au sein de la commission de la communauté économique et monétaire d'Afrique centrale (CEMAC).

Je me souviens comme hier des longues discussions que nous menions au sein de la banque centrale des États de l'Afrique de l'Ouest (BCEAO) à Dakar, pour parvenir à mettre en place cette institution qui est l'une des plus réussies en Afrique comme le souligne avec brio, le commissaire. Dans son survol des institutions d'intégration en Afrique qui l'amène à se focaliser sur deux grandes institutions formant deux grands ensembles économiques plus ou moins homogènes par l'histoire et/ou la géographie, pouvant impulser le développement socioéconomique rapide du continent, à savoir la communauté économique des États de l'Afrique de l'Ouest (CEDEAO) et la communauté économique des États de l'Afrique centrale (CEEAC) sous l'égide de l'union africaine avec les autres regroupements régionaux (SADC, CEN-SAD, COMESA, UMA) pour déboucher sur une monnaie unique africaine à l'horizon de 38 ans. Je trouve excessivement long pour des pays qui affichent une volonté politique réelle de l'unité africaine, chère aux pères fondateurs de l'organisation de l'unité africaine (OUA) devenue union africaine (UA). Sans doute que les dirigeants africains se laissent prendre dans le jeu des critères technocratiques de convergence économique que le professeur indique bien l'origine et met aussi en parallèle les possibilités de création monétaire en se passant de ces critères.

La volonté politique existante est attestée par des réunions annuelles des institutions créées pour le fonctionnement de l'UA qui sont la conférence des chefs d'État et de gouvernement, le conseil des ministres, la Commission et autres institutions spécialisées comme la banque centrale africaine qui ne doivent être des coquilles vides, mais qui peuvent permettre de sauter le pas de la création monétaire dont la principale fonction étant de servir des moyens d'échange acceptés dans tous les États.

Si l'ECO est le nom anglophone de la CEDEAO, le MITAKO que propose Clément Bélibanga comme le nom de la monnaie de la CEEAC est historiquement fondé, prenant divers noms dans le bassin du Congo et tout le long du fleuve Oubangui sous le nom par exemple de makouta avec une subdivision miya valant 5 F dont j'avais entendu parler dans les années 1940-50. C'était une monnaie solide qui servait de moyen d'échange dans la sous-région. Cette monnaie existait sans critères de convergence. La volonté du souverain et l'acceptation par la population étaient les seuls critères de création de cette monnaie.

Le livre est riche et truffé de tableaux, de graphiques et d'encadrés qui fixent les idées et éclairent le lecteur sur les questions économiques et historiques traités. Il sera très utile aux enseignants, étudiants et toute personne qui s'intéresse aux questions économiques et d'intégration régionale.

Fait à New Jersey, (USA), le 7 mai 2020

AVERTISSEMENT

Les points de vue exprimés dans ce livre sont personnels et par conséquent n'engagent nullement la commission de la communauté économique et monétaire de l'Afrique centrale (CEMAC), institution sous régionale dans laquelle j'exerce les fonctions de commissaire, en charge du département des politiques économique, monétaire et financière. C'est une réflexion libre d'un universitaire que je suis.

REMERCIEMENTS

Je remercie mon aîné Edmond Gnipkingo Gbègouda qui a lu attentivement le manuscrit. J'ai tenu compte de ses remarques pertinentes. Bien entendu, je suis responsable des insuffisances.

Il a accepté écrire la préface de ce livre austère, confiné à la suite du coronavirus aux États Unis où il était en vacances.

J'ai connu Edmond dans le cadre de l'union nationale des étudiants centrafricains, section de la fédération des étudiants d'Afrique noire en France. Depuis, je ne l'ai plus quitté et nos relations sont devenues fraternelles. Il a connu une très bonne carrière. Après avoir enseigné en France, il a continué la suite de sa carrière à la banque africaine de développement où il a fini comme économiste principal. À la suite, il a été ministre conseiller spécial à la primature chargé des réformes institutionnelles. Cette fonction lui a permis de porter un regard critique sur l'économie centrafricaine, à travers son expérience à la BAD.

Je remercie certains membres du parlement de la communauté économique et monétaire de l'Afrique centrale (CEMAC), qui m'ont encouragé à écrire ce livre après un exposé de 9 mn sur le sujet traité dans ce livre, que j'ai présenté devant eux à la session de février 2020.

Mes remerciements vont également à madame Bernadette Yaouni Siewe, experte assistante, au département des politiques économique, monétaire et financière de commission de la CEMAC qui a fait la mise en forme du manuscrit et m'a exprimé sa joie pour avoir lu le manuscrit.

INTRODUCTION GÉNÉRALE

L'union africaine (UA) qui a succédé à l'organisation de l'unité africaine (OUA) s'est fixée comme objectif essentiel la création à terme d'une union économique et monétaire africaine. Elle a élaboré un calendrier dans la période de 34 à 40 ans à partir de 1994, date de la signature du Traité d'Abuja.

L'union monétaire africaine (UMA) est posée comme fusion de toutes les unions monétaires régionales africaines. Plusieurs étapes ont été définies par l'UA pour arriver à l'union monétaire, phase ultime de l'intégration économique africaine.

L'avènement de la monnaie unique au sein de la communauté économique des Etats de l'Afrique de l'Ouest (CEDEAO), l'ECO répond à cet objectif.

La monnaie « ECO » créée en juin 2019 par la conférence des chefs d'État et de gouvernement de la CEDEAO devrait être opérationnelle en 2020. Cette date est-elle réalisable ?

Certes, les institutions politiques ont été mises en place et un nom a été donné à la nouvelle monnaie, le système de change est flexible et la monnaie est arrimée à aucune autre monnaie. Un panier de devises comprenant les principales monnaies internationales pour la garantie extérieure de la nouvelle monnaie a été décidé par les autorités politiques de la communauté.

Sur le plan économique, les critères de convergence macro-économique sont-ils remplis par tous les pays membres de la CEDEAO ? Sur le plan institutionnel, la banque centrale commune n'est pas créée, or c'est elle qui doit définir la politique monétaire commune, gérer les réserves extérieures et faire battre la monnaie.

En Afrique centrale, la communauté économique des États de l'Afrique centrale (CEEAC) s'est restructurée en décembre 2019 en vue d'atteindre l'objectif de l'UA. La conférence des chefs d'État et de gouvernement s'est réunie le 19 décembre 2019 à Libreville, au Gabon et a adopté le traité révisé et la création d'une union monétaire à terme est un des objectifs affichés dans ce traité.

Nous proposons dans le cadre de ce livre de faire, en premier lieu, un bilan rapide de l'intégration en Afrique centrale en utilisant l'outil utilisé par les institutions internationales : « degré d'intégration ». Celui-ci permet d'analyser le processus intégrateur et tirer des conclusions sur le niveau de réalisation des différentes étapes d'une intégration économique régionale. Nous rappellerons en second lieu les conditions nécessaires que doivent remplir les pays candidats à l'intégration d'une zone monétaire à monnaie unique en Afrique centrale et nous proposerons de nom de la nouvelle monnaie.

À titre comparatif, nous aborderons dans une première partie la CEDEAO et sa monnaie unique, l'ECO et en deuxième partie, la problématique de la création d'une union monétaire à monnaie unique, en Afrique centrale. Une conclusion générale mettra fin à ce livre, volontairement didactique

PREMIÈRE PARTIE :

LA CEDEAO ET L'ECO

CHAPITRE 1

NAISSANCE, OBJECTIFS ET PRINCIPES FONDAMENTAUX DE LA CEDEAO

Naissance

Le projet de la création d'une communauté en Afrique de l'Ouest est une idée du président Libérien William Tubman qui remonte en 1964. Celui-ci avait proposé une union économique de l'Afrique de l'Ouest entre la Côte d'Ivoire, le Libéria et la Sierra Léone, qui a abouti à la signature d'un traité en 1965. Cette union n'avait eu aucun résultat. En 1972, le chef d'État du Nigéria, le général Yakubu Gowon et le président Togolais Gnassingbé Eyadéma avaient fait une tournée dans la région avec l'idée de la création d'une communauté. Cette initiative va aboutir avec la création de la communauté économique des États de l'Afrique de l'ouest (CEDEAO) sanctionnée par le Traité de Lagos, le 28 mai 1975 et révisé en 2003.

Elle comprend 15 États membres dont 8 pays appartenant à l'union économique et monétaire ouest africaine (UEMOA), membres de la zone franc à monnaie unique le FCFA et qui comprend le Bénin, le Burkina Faso, la Côte d'Ivoire, la Guinée Bissau, le Mali, le Niger, le Sénégal, le Togo et 7 pays autres pays avec 8 monnaies différentes. Il s'agit de la Gambie, du Ghana, de la Guinée, du Libéria, du Nigeria, de la Sierra Leone appartenant à la zone monétaire de l'Afrique de l'ouest (ZMAO). La Mauritanie a quitté la communauté en 2000 pour rejoindre l'union du Maghreb arabe (UMA) créée en 1995, tandis que le Cap Vert va intégrer la CEDEAO en 1976 et n'appartenant à aucune de ces deux zones monétaires. Le Maroc a déposé depuis le 24 février 2017 sa demande d'adhésion à la CEDEAO et a gelé sa participation à l'UMA. La conférence des chefs d'État et de gouvernement a donné son accord de principe.

Objectifs économique, financier et monétaire

Le mode d'intégration de la CEDEAO est celui de la combinaison de l'intégration par le marché et les institutions.

Il a un double objectif : Réaliser l'intégration régionale entre les pays membres par la création d'une union douanière et économique pour faciliter la libre circulation des biens, des services et des personnes en supprimant les obstacles ; établir un tarif douanier extérieur commun au sein des États membres aboutissant à un marché commun et la création d'une union monétaire.

Création d'une union douanière et d'un marché commun

L'union douanière et le marché commun ont comme objectif de lever les obstacles tarifaires avec la fixation d'un tarif extérieur commun (TEC) et la libre circulation des biens à l'intérieur de l'union. Tandis que le marché commun devrait permettre la libre circulation des personnes physiques.

Plusieurs textes ont été élaborés dans ce sens : Suppression de la fiscalité de porte (droits de douane et autres droits et taxes) ; le traité fondateur instaure une coopération entre les membres dans les domaines du commerce, des douanes, de la fiscalité, des statistiques, de la monnaie et des paiements. Le traité révisé de l'organisation en 2003 approfondit certains domaines, notamment politique et social. En 1979, un protocole va instaurer le droit de résidence et d'établissement. Dans la même année, une décision des chefs d'État et de gouvernement de la communauté va porter sur l'exonération totale des droits de douane et taxes, la libre circulation des marchandises sans aucune restriction quantitative ainsi que le non-paiement d'une indemnité pour perte de recettes résultant de l'importation. La libéralisation des échanges dans la communauté va se renchérir avec d'autres textes juridiques, en particulier : la convention du 29 mai 1982 instituant le transit inter-États de marchandises (TRIE), un régime douanier qui permet de transporter à l'intérieur des États membres de la CEDEAO des marchandises par la route sans payer de droit de douane, depuis le bureau de douane de départ des marchandises jusqu'au bureau de douane de destination.

Le protocole du 31 janvier 2003 relatif à la définition de la notion de produits originaires des États membres de la CEDEAO : le label communautaire est délivré aux produits de règne animal n'ayant subi aucune transformation, un article fait à la main, un article entièrement obtenu dans un État membre, une marchandise obtenue à partir des matières premières d'origine communautaire dont la valeur est supérieure ou égale à 40 % du coût total des matières premières.

Pour la réalisation de l'union douanière, la décision adoptée le 12 janvier 2006, a mis en place le tarif extérieur commun (TEC).

L'union économique et monétaire

L'objectif d'intégration économique et monétaire consiste à mettre en place un marché régional unique unifié, ayant une monnaie commune, un marché financier efficace et un système de paiement intégré.

La construction de l'union douanière et du marché commun constitue un prélude à la création d'une union économique et monétaire. Celle-ci constitue un grand marché et crée des opportunités pour des nouveaux investissements, des marchés financiers de taille importante etc. La création de l'ECO au sein de la CEDEAO répond à cet objectif et les Etats vont transférer leur souveraineté monétaire à une banque centrale supranationale qui a la charge de la définition d'une politique monétaire unique centralisée. Les États sont privés ainsi d'utilisation de politiques conjoncturelles.

La création de l'union monétaire en Afrique de l'Ouest a constitué un processus qui a débuté en 1999. On a distingué deux catégories des pays membres : une première catégorie est constituée des pays appelés « convergents » formés des membres qui appartiennent à l'union économique et monétaire ouest africaine (UEMOA). Ils sont appelés « convergents » du fait qu'ils mettent depuis 1999, les politiques macro-économiques semblables leur permettant de respecter des critères de convergence. Ils sont membres de la zone Franc ayant en commun une monnaie unique, le FCFA.

Les six autres pays appelés « divergents » du fait qu'ils possèdent six monnaies différentes non convertibles. Ils sont regroupés au sein de la zone monétaire de l'Afrique de l'Ouest (ZMAO). La ZMAO a été créée en 2000 à Accra, au Ghana. Il est fait obligation à ces pays de mener des politiques macro-économiques semblables leur permettant d'atteindre les critères de convergence nécessaires pour sauvegarder la valeur de la monnaie unique qui est aujourd'hui appelée l'ECO, l'appellation anglophone de la CEDEAO.

Le mécanisme de surveillance mis en place a défini les critères de premier rang : déficit budgétaire hors dons (≤ à 4 % du PIB), le taux d'inflation (≤ à 5 %), le financement du déficit budgétaire par la banque centrale (≤ à 10 % des recettes fiscales de l'année antérieure) et les réserves brutes (≥ à 6 mois d'importation).

Les critères de second rang concernent le cumul d'arriérés intérieurs (= 0), les recettes fiscales (≥ 20 % PIB), la masse salariale sur les recettes fiscales (≤ 35 %), les investissements publics financés par les ressources intérieures (≥ à 20 %), la stabilité du taux de change réel et le taux d'intérêt réel positif.

Objectifs politiques et sociaux

La politique de la communauté économique des États de l'Afrique de l'Ouest est basée sur le maintien de la paix, de la sécurité et de la stabilité régionale par le renforcement des relations de bon voisinage, le règlement pacifique des différends entre les États membres et la promotion d'un environnement pacifique comme préalable au développement économique. La construction de la CEDEAO est basée sur les principes démocratiques forts : Respect et protection des droits de l'homme et des peuples conformément aux dispositions de la charte africaine de droits de l'homme et des peuples ; Promotion et consolidation d'un système démocratique de gouvernement dans chaque État membre ; Option pour les principes de la bonne gouvernance politique et économique, de transparence et d'obligation de reddition des comptes quant à l'utilisation des ressources publiques.

En juin 2007, la conférence des chefs d'État et de gouvernement a adopté une vision pour l'Afrique de l'Ouest qui a transformé la région « d'une CEDEAO d'Etats à une CEDEAO des Peuples » et a consisté en l'adoption des mesures axées sur la population qui permettent d'encourager, d'accélérer et de stimuler la croissance et d'éradiquer la pauvreté.

Fonctionnement institutionnel de la CEDEAO

Le fonctionnement de la CEDEAO est basé sur trois grandes institutions : L'exécutif, le législatif et le judicaire.

L'exécutif est composé de la conférence des chefs d'État et de gouvernement qui est l'organe suprême de la communauté, le conseil des ministres, et la commission :

(i) La conférence des chefs d'État édicte des principes directeurs et contrôle le fonctionnement de la communauté, prend toutes les mesures garantissant le développement et la réalisation des objectifs. La conférence désigne pour un mandat d'une année en son sein, un président pour diriger la communauté. Elle nomme le président de la commission et les commissaires aux comptes.

(ii) Le conseil des ministres a le pouvoir de nomination des fonctionnaires de la communauté, à l'exception du président de la commission qui est nommé par la conférence des chefs d'État et de gouvernement, il autorise les programmes de travail et approuve les budgets, formule des recommandations à la Conférence, édicte des règlements, prend des décisions ou formule des suggestions et des avis.

(iii) L'exécutif de la communauté est dirigé par le président de la commission de la CEDEAO nommé par la conférence des chefs d'État et de gouvernement pour une durée de quatre ans non renouvelable, assisté d'un vice-président et de 13 commissaires.

Le pouvoir législatif est exercé par le parlement qui joue un rôle consultatif. Il s'occupe du respect des droits de l'homme et des libertés fondamentales. Il fait des recommandations aux différents organes de la communauté et peut être saisi pour donner ses avis concernant les politiques sectorielle, sociale et la révision du Traité.

La cour de justice est l'organe judiciaire de la communauté et est composé de sept juges indépendants qui sont désignés par la conférence des chefs d'État et de gouvernement, à partir d'une liste comprenant deux juges proposés par chaque État membre de la CEDEAO. Elle assure le respect du droit et des principes d'équité dans l'interprétation et l'application du traité ainsi que les protocoles et conventions annexes. Elle est en charge du contentieux de la déclaration, du contentieux de l'annulation, du contentieux de pleine juridiction et du contentieux concernant les droits de l'homme.

On distingue également des institutions et comités techniques spécialisés : La banque d'investissement et de développement de la CEDEAO (BIDC) et l'agence monétaire de l'Afrique de l'Ouest (AMAO).

(i) ***La BIDC*** (banque d'investissement et de développement) de la CEDEAO est la transformation de l'ancien fonds de la CEDEAO en septembre 1999 par la conférence des chefs d'État et de gouvernement. L'objectif est de financer les projets des États membres. La BIDC est devenue opérationnelle en 2004 et possède deux filiales : Le fonds régional de développement de la CEDEAO (FRDC) et la banque régionale d'investissement de la CEDEAO (BRIC).

(ii) ***L'AMAO*** (agence monétaire de l'Afrique de l'Ouest) a été créée le 24 juillet 1993 et a pour mission de mettre en œuvre le programme d'intégration monétaire qui doit aboutir en 2020 à la création d'une monnaie unique en Afrique de l'Ouest. Pour y parvenir des orientations ont été données à cette institution : La promotion de l'utilisation des monnaies nationales des États membres dans le cadre du commerce régional et d'autres transactions, la réalisation des économies dans l'utilisation des réserves extérieures des États membres, l'aide des États membres à harmoniser et à coordonner leurs politiques monétaires et fiscales en plus de leur programme d'ajustement structurel, l'encouragement de l'application par les États membres des politiques macroéconomiques, permettant d'avoir des taux de change et des taux d'intérêt déterminés par le marché dans le cadre du commerce intra régional.

La Géo économie de la CEDEAO et le poids du Nigéria

La communauté économique des États de l'Afrique de l'Ouest représente environ 40 % de la superficie de l'Afrique au sud du Sahara et plus de 50 % de sa population. Sur le plan économique les pays ont enregistré ces dernières années de forts taux de croissance et disposent de nombreuses richesses naturelles. Le Nigéria est la plus grande puissance dominante de la communauté.

Aperçu de la géographie de la CEDEAO

Les pays de la communauté couvrent une superficie de 5 114 240 km², représentant 40 % de la superficie de l'Afrique subsaharienne. Sa population est de 335 millions d'habitants soit 5 % de la population mondiale et 5 % ont moins de 19 ans. La densité moyenne est de 99 habitants/km². Le Nigéria a une densité de 142 habitants /km² alors que le Mali a 11habitants au km².

La CEDEAO a un PIB de 628 milliards de dollars (2017). Elle est riche en ressources agricoles, hydrauliques et minières.

Le Nigéria, le Ghana et la Côte d'Ivoire ont une population qui représente le tiers de la population de la communauté. En 2050 celle-ci atteindra entre 550 et 600 millions selon les prévisions des Nations unies avec un taux de fécondité de 5,6 enfants par femme. Les femmes représentent 50 % de la population.

La communauté utilise trois langues officielles : l'anglais, le français et le portugais et parle un millier de langues locales dont le hausa, le wolof, le yoruba, l'ibo, l'éwé, le fulfulde etc.

Tendances récentes des grandeurs macro-économiques de la CEDEAO

L'économie de la CEDEAO est dominée par quatre pays à savoir le Nigéria, le Ghana, la Côte d'Ivoire et le Sénégal qui produisent 90 % du PIB de la communauté. L'évolution de la production des membres de la communauté reste contrastée. Entre 2012 et 2015 certains pays de la communauté ont connu des taux de croissance importants, mais en 2016 la croissance a reculé pour descendre à 0,5 % alors la Côte d'Ivoire a atteint 9 % la même année.

L'économie nigériane avec un taux de croissance négatif, soit de -1,6 % en 2015 a impacté négativement l'économie de la sous-région. En 2017, la croissance de la Communauté est reprise en hausse avec une moyenne de 2,3 % et a continué sa progression pour atteindre 3 % en 2018 et 3,4 % en 2019. La croissance des pays de l'UEMOA est restée forte, en moyenne 6 % ainsi que celle du Ghana.

Le solde budgétaire global, dons compris des pays de la CEDEAO a été excédentaire de 2,8 % du PIB entre 2010 et 2015 avant d'être négatif entre 2016 et 2018, représentant – 4,6 % du PIB. En 2019 et 2020 la même tendance serait observée.

L'inflation au sein de la communauté reste très élevée par rapport à la norme internationale généralement admise par les économistes. En moyenne elle a représenté 9 % entre 2010-2015 et a continué à s'accroitre pour atteindre successivement 12,8 % en 2016 et 2018 avant de descendre à 9,7 % en 2018 et 9,4 % en 2019.

La dette publique de la communauté ouest africaine était évaluée à 23 % du PIB entre 2010 et 2015, plusieurs pays ayant bénéficié de la remise de dette pour les pays pauvres très endettés (PPTE). La période post-PPTE commence le début de l'augmentation de la dette publique. Ainsi entre 2010- 2015, l'endettement a repris pour les pays de la sous-région pour représenter 31,6 % du PIB. La progression a continué pour atteindre 37,7 % du PIB en 2018. Dans la zone, le Cap Vert est le plus endetté avec un taux de 72,2 % du PIB entre 2010-2015, en nette augmentation pour atteindre 93 % du PIB en moyenne entre 2016 et 2018.

Le solde extérieur courant, dons compris évolue en dents de scie et reste négatif depuis au moins en 2015. Ainsi pour la période 2010-2015 le déficit était de - 0,5 % du PIB et a continué à s'aggraver pour atteindre -1,6 % du PIB en 2018.

Après un recul en moyenne de - 0,5 % entre 2017et 2018, le déficit du solde extérieur courant a été multiplié par 4, pour atteindre 2,4 % du PIB en 2019 et il est projeté la même tendance en 2020.

Le commerce international de la CEDEAO est caractérisé par sa faible contribution au commerce mondial. En valeur, il ne représente que 0,7 % des exportations et 0,5 % des importations mondiales. Par contre c'est la première région exportatrice du cacao au monde. Le commerce global a accru de 18 % entre 2005 et 2010, mais avec un bon de 57 % en 2008 à cause des importations massives des biens de production. Entre 2011 et 2016, les importations ont évolué irrégulièrement. Elles sont passées de 153,6 millions de dollars en 2011 à 101,4 milliards de dollars en 2012. Les importations ont connu une baisse continue pendant la période sous revue. La balance commerciale a connu un excédent pendant la période, sauf l'année 2015.

Le commerce de la sous-région est dominé par le Nigéria qui fournit 77 % des exportations, ensuite la Côte d'Ivoire avec 10 %, le Ghana 4 % et enfin le Sénégal 2 %.

Les principaux produits exportés sont des produits pétroliers, miniers et alimentaires. Les produits pétroliers ont représenté pour la période 2010-2016, 61 % des exportations totales. Ensuite l'or 8 %, le gaz naturel 7 %, le cacao 6 %, le coton 1 %, et les fruits 1 %.

L'Inde constitue la première destination avec 17 % des exportations en 2016, suivi par les Pays-Bas et l'Espagne. Pour les importations, c'est la Chine avec 19,7 millions de dollars, les États-Unis venant loin derrière avec 6, 5 millions de dollars.

Les importations intra-CEDEAO pour la période étudiée représentaient pour le Nigéria 41 % des transactions, suivies du Ghana avec 18 %, de la Côte d'Ivoire et du Sénégal représentant chacun 10 %. Les produits importés sont les hydrocarbures, 24 %, les véhicules automobiles 4,6 %, du riz 3,2 %, les équipements de télécommunications 2,8 %, des navires, bateaux et engins flottants 2,8 %, des médicaments 2 %.

Le premier fournisseur de la communauté est la Chine qui représente 23 %.

La prédominance du géant Nigéria

Avec un produit intérieur brut (PIB) de 397 milliards de dollars en 2018, soit 75 % de celui de la totalité de la CEDEAO et 20 % du PIB continental, une population de 190 millions d'habitants soit 40 % de la communauté ouest africaine, le Nigéria domine la CEDEAO et revendique le leadership.

Première économie africaine, le Nigéria est le plus gros producteur et exportateur du pétrole qui représente environ 10 % de son PIB en 2018, 92,3 % des exportations en 2017 selon le FMI, et environ 70 % du budget de l'État. Ses exportations vers le reste de l'Afrique sont de 12,7 % et seulement 3,7 % vers les pays de la CEDEAO.

Son économie a été sur la voie de la croissance ces dernières années et soutenue par les exportations qui ont connu 25,7 % d'augmentation en 2017 alors que dans la même période, les importations ont accru que de 2,5 % ainsi que les services qui représentent la moitié du PIB. Il a connu une forte croissance entre 2010 et 2015 avec une moyenne de 5,8 % avant de tomber à -1,9 % en 2016. À partir de 2017 la récession s'est arrêtée et la croissance a repris timidement de 0,8 % et a poursuivi son envolée pour atteindre 1,9 % en 2018. Elle devrait atteindre 2,3 % en 2019 et 2,4 % en 2020. Le Nigéria a une économie relativement diversifiée avec une agriculture qui représente 25 % du PIB, et le secteur industriel 22 % du PIB.

Dans le cadre de l'intégration de la zone ECO, une politique monétaire restrictive a été mise en place par la banque centrale du Nigéria pour maitriser l'inflation qui est tombée à 11,6 % en 2018 contre 18,5 % en 2016. Ses réserves extérieures augmentent continuellement depuis 2016 pour atteindre en 2017 et 2018, 7 mois d'importations de biens et services. La banque centrale du Nigéria maintient néanmoins des restrictions d'accès aux devises et 41 produits sont interdits d'importations et d'accès en devises, en vue de stimuler la production nationale.

Ces diverses mesures ont stabilisé la Naira, monnaie nationale en 2017 et 2018.

Son solde budgétaire a été excédentaire entre 2010 et 2015 de 4,7 % du PIB avant de devenir déficitaire à partir de 2016 et a atteint entre 2016 et 2018 - 4,6 % du PIB. La tendance baissière devrait continuer pour atteindre -5,1 % en 2019.

La dette publique du Nigéria est très faible représentant 16,9 % du PIB entre 2010 et 2015, mais a continué à progresser pour atteindre 28,4 % en 2018 et 30,1 % en 2019. Le niveau atteint ces dernières années reste soutenable pour une grande économie comme celle du Nigéria, mais sa vitesse est très rapide et nécessitera une grande attention des autorités.

Le géant de l'Afrique de l'ouest veut avoir une place prépondérante dans la nouvelle monnaie unique de la CEDEAO et fait peur à certains pays occidentaux. Sa puissance économique le place logiquement au centre des structures monétaires que les instances sont en train de mettre en place. Il veut jouer en Afrique de l'Ouest, le rôle que l'Allemagne occupe dans le cadre de l'Euro.

Les indicateurs macro-économiques étudiées ci-dessous plaident en sa faveur et lui impose une certaine responsabilité dans le fonctionnement harmonieux de la communauté.

Le Maroc candidat

Le 24 février 2017, le Royaume du Maroc a sollicité son adhésion à la CEDEAO alors que jusqu'à cette date, il était un simple observateur. Le 4 juin 2017, la conférence des chefs d'État et de gouvernement de la CEDEAO a donné son accord de principe. Or, le Maroc ayant gelé sa participation à l'union du Maghreb arabe (UMA), il s'avère que son adhésion devient une obligation économique, l'intégration dans un bloc est un élément déterminant, une exigence de la mondialisation pour bénéficier de l'économie d'échelle. Le Maroc en intégrant la CEDEAO évite sa marginalisation. Le dossier a été remis aux chefs d'État du Togo, de la Côte d'Ivoire, du Ghana, de la Guinée et du Nigéria pour avis. Depuis, aucun rapport de ces chefs d'État n'a pas été remis aux instances de la CEDEAO. L'adhésion du Maroc à la communauté ouest africaine va contribuer à élargir le marché à 350 millions de consommateurs avec la création des opportunités nouvelles.

Le Royaume du Maroc est la cinquième puissance continentale et surtout déjà le premier investisseur dans la région ouest africaine. Il est présent dans les banques, assurances, hydrocarbures, agriculture, services etc. Les exportations marocaines vers l'Afrique de l'Ouest représentent 57 % des exportations totales marocaines en Afrique. En particulier les engrains, les poissons, les crustacés, mollusques préparés ou conservés. Mais les exportations des pays membres de la communauté vers le royaume ne représentaient que 3,8 % en 2017. Les importations marocaines en provenance des pays de la communauté n'ont représenté que 8 % en moyenne au cours de la période 2000-2017. Le Maroc importe essentiellement le propane et butane liquéfié, les aliments pour animaux, le café, le coton etc. Au total, les échanges commerciaux du Maroc avec la CEDEAO ont représenté 10,3 milliards de dirham en 2017, tandis que les importations marocaines en provenance des pays de la communauté ouest africaine qui sont en baisse constante représentaient pour la même période 0,8 milliard de dirham.

Le solde commercial est largement excédentaire au profit du Royaume.

Il n'aura aucun obstacle majeur à l'intégration du Maroc dans la zone éco, le royaume remplit les principaux critères de convergence exigés à l'entrée : l'équilibre budgétaire, stabilité des prix, financement monétaire, soutenabilité de la dette publique, stabilité de taux de change.

Sur le plan politique, l'adhésion du Maroc pose certains problèmes au Nigéria, notamment celui-ci est l'allié du Front Polisario, ennemi juré du Maroc. Le Nigéria a également peur de perdre son influence au sein de la communauté avec l'adhésion du Maroc.

Sur le plan économique, paradoxalement, le Nigéria était en 2015 le premier client du Royaume et a un projet bilatéral important : le gazoduc Nigéria-Maroc (ceci pourrait être une porte d'entrée du Maroc, les deux pays coopèrent déjà).

Les entrepreneurs marocains et nigérians sont également opposés à l'entrée du Maroc à la CEDEAO, craignant la concurrence réciproque.

Ces difficultés semblent s'aplanir du côté du Nigéria car son ministre des affaires étrangères, Geoffrey Onyeama avait déclaré à l'agence presse officielle que « les chefs d'Etat prendront la décision finale en décembre prochain ».

Or, le 21 décembre 2019 s'est tenue à Abuja, au Nigéria la conférence des chefs d'État et de gouvernement de la CEDEAO et ce point n'avait pas été inscrit à l'ordre du jour.

Aperçu du bilan

Le bilan de la communauté économique des Etats de l'Afrique de l'ouest est positif dans plusieurs domaines, mais est resté mitigé dans d'autres. L'aperçu du bilan qui est fait ici n'intègre pas les secteurs.

Au niveau de la libre circulation des personnes

Pour faciliter la libre circulation des personnes au sein de communauté, le visa a été supprimé entre les États membres depuis 1980 ainsi que le permis d'entrée. Cependant les tracasseries aux frontières limitent la liberté, d'entrée et de sortie des citoyens de la communauté. À titre d'exemple, entre Lagos et Abidjan distant de 992 km, il existe 69 barrages. Ainsi pour favoriser les droits des citoyens, la commission de la CEDEAO a impliqué le secteur privé et la société civile pour vulgariser le protocole sur la libre circulation des personnes. Il a été décidé également de la mise en place d'un système électronique d'enregistrement aux frontières, aux points d'entrée et de sortie. Et enfin, la conférence des chefs d'État et de gouvernement ont pris une décision pour la mise en place des comités nationaux afin d'assurer le suivi de la mise en œuvre des décisions et protocoles de la CEDEAO sur la libre circulation des personnes et des biens.

Au niveau des échanges de biens et services

Une enquête initiée par l'OMC, les Nations unies et la BAD montre que le commerce intra-CEDEAO reste bas avec 15 % des exportations et 10 % des importations. Les importations représentent en valeur entre 10 et 15 milliards de dollars par an, sur un total de 100 à 150 milliards de dollars par an pour les pays de la CEDEAO. Néanmoins la comparaison avec d'autres communautés sous régionales en Afrique, montre que la CEDEAO est dépassée que par la SADC avec 20,7 %. Le commerce intra régional au sein de la communauté économique des États de l'Afrique centrale ne représente que 2 % et l'union Maghreb arabe 3 %.

Les échanges concernent des produits crus qui circulent plus librement que les produits manufacturés qui sont victimes des obstacles non tarifaires. Il s'agit essentiellement des matériaux de construction. Les difficultés sont dues à l'exigence technique ou à l'évaluation de conformité. C'est la Côte d'Ivoire qui échange plus avec 25 % du volume global des échanges devant le Nigéria avec 23 %.

ENCADRÉ 1

La fermeture de frontières Nigéria-Bénin-Niger : Une violation des textes intégrateurs ?

Le 20 août 2019 le Nigéria a fermé ses frontières terrestres avec trois de ses pays voisins membres de la CEDEAO, le Bénin, le Niger et le Togo. Les raisons invoquées sont le « renforcement de la sécurité et la lutte contre les produits de contrebande ». Par ailleurs, cette mesure protectionniste selon les autorités nigérianes vise à diversifier leur économie en développant la production du riz. Les autorités de la CEDEAO ont demandé vainement la réouverture des frontières car le Nigéria estime que celle-ci n'est pas contraire aux principes de la communauté régionale. Fermé pour une période limitée, cette fermeture n'est pas levée par les autorités nigérianes. Des effets négatifs sont perceptibles sur les trois pays, dont le Nigéria également.

Le Bénin : **Selon les prévisions du Fonds Monétaire International rapporté par le quotidien français *le monde* du 6 décembre 2019, le Bénin perdrait 0,5 point de son PIB à cause de cette fermeture, dans l'hypothèse où la fermeture s'arrêtait le 31 janvier 2020. En effet, les recettes douanières représentent en**

temps normal chaque mois 300 millions de FCFA. Le commerce informel avec le puissant voisin représente 20 % du PIB. Le Bénin exporte vers le Nigéria des véhicules d'occasion, les boissons, du riz et des surgelés.

Le Nigéria **voit son économie impactée par sa mesure. Ainsi, RFI rapporte que « La Banque centrale du Nigéria ne constate pas toujours des recettes douanières [après cette fermeture censée endiguée la contrebande, ndlr]. Sur les marchés de Lagos, le bilan vire carrément au négatif. Le riz importé se faisant de plus en plus rare son prix a quasiment doublé. En octobre l'inflation a atteint son plus haut niveau depuis 17 mois et c'est surtout la flambée des produits alimentaires qui l'entretiennent. Quant à la production industrielle nigériane, loin d'être dopée, elle est au contraire entravée par la fermeture de la frontière ». Les industriels Nigérians à travers leur association dénoncent également cette mesure protectionniste en lançant un cri d'alarme : « Des entreprises sont sur le point de mettre la clé sous la porte, premièrement parce qu'elles ne peuvent plus importer des biens intermédiaires nécessaires pour leur production et deuxièmement parce qu'elles ne peuvent plus exporter ».**

Le Togo **a vu le prix du carburant importé du Nigéria augmenté ce qui a développé l'inflation.**

L'intégration financière

L'intégration financière parait être le point faible dans le bilan de la CEDEAO alors que les textes fondateurs lui accordent une grande importance. Certes, la mise en place d'un marché financier régional est un processus long. Il suppose la levée des barrières à l'investissement et à la promotion de la bonne gouvernance. Toutefois, des initiatives ont été prises dans le cadre de l'intégration financière régionale : une signature d'un protocole d'accord entre la bourse régionale des valeurs mobilières (BRVM), la bourse des valeurs du Ghana (GSE) et la bourse Nigériane des valeurs (NSE). L'objectif est de permettre le développement des cotations croisées sur les différentes bourses de la région.

En outre, le conseil des marchés des capitaux ouest africains (CMCOA) a été installé avec un comité technique même si on note que la structure peine à se développer. Le 28 juillet 2015, les régulateurs des marchés financiers de la CEDEAO ont signé un accord relatif à la création de l'association des autorités de régulation des marchés financiers de l'Afrique de l'Ouest (ARMFAO). La réalisation de cette initiative devrait favoriser l'intégration des marchés des capitaux dans les pays de la communauté. Cependant quelques conditions doivent être remplies. En particulier, l'harmonisation des principes de réglementation du secteur bancaire et des marchés financiers. L'avantage est l'élargissement des marchés d'investissement dans les pays membres, permettant au système financier régional de proposer aux investisseurs des liquidités.

La création d'une union monétaire de la CEDEAO et la matérialisation de la zone de libre-échange continentale devraient relancer l'idée de l'intégration des marchés financiers.

Néanmoins, l'union économique et monétaire ouest-africaine dont les pays font partie de la CEDEAO ont développé un marché financier qui fonctionne à la satisfaction des opérateurs économiques. Au 30 juin 2019, le marché financier de l'UEMOA gérait 46 sociétés, 46 lignes obligataires et 271 724 titres échangés en moyenne par jour. Cette réussite pourrait servir d'aiguillon aux autorités de la CEDEAO à accélérer la mise en œuvre des mesures visant l'intégration financière des structures de ses États membres.

(iii) ***La diplomatie** au service de la paix pour une intégration réelle*

La CEDEAO est intervenue dans plusieurs pays membres pour maintenir la paix et assurer le processus démocratique :

(i) **Le Libéria**. Entre 1990 et 2003 les casques blancs de l'ecomog (The economic community of west africa states monitoring group) ont intervenu plusieurs fois pour ramener la paix au Libéria. La CEDEAO a envoyé entre 1990 et 1999 au total 20 000 unités de force militaire. La première rébellion a opposé les partisans de Samuel DO aux rebelles de Charles Taylor. Le 24 août 1990, et suite à l'échec de proposition de cessez-le-feu, une force d'interposition de l'ecomog comprenant pour l'essentiel 10 000 soldats, en majorité nigérian était chargé de faire respecter le cessez-le-feu. Le 17 août 1996, sous l'égide de la CEDEAO un quinzième accord a abouti à l'organisation d'élections.

En 2003, la Seconde Guerre civile va opposer deux groupes armés contre le Président Charles Taylor et occupent le tiers du pays. Des pourparlers ont lieu au Ghana et un accord de cessez-le-feu a été signé, mais non respecté.

Une seconde opération de la CEDEAO est initiée le 4 août 2003 et approuvée par les Nations Unies. Les cinq cents hommes de l'ecomil (mission de la CEDEAO au Libéria) sont chargés de veiller au maintien de la sécurité et de préparer la mise en place de la force de la mission des nations unies au Libéria (Minul). Charles Taylor démissionne le 11 août 2003 et une transition politique est organisée, sous contrôle des nations unies. Le 23 novembre 2005, Ellen Johnson Sirleaf est élue comme présidente de Libéria et Charles Taylor sera arrêté plus tard en 2006.

(ii) **La Sierra Leone -** La première intervention date de 1991 afin d'aider les forces armées sierra-léonaises à défendre le gouvernement Momoh contre la rébellion menée par le front uni révolutionnaire (FUR) dirigé par Foday. Le coup d'Etat du 25 mai 1997 qui renversa le président Ahmedd Tejan Kabbah, démocratiquement élu a entrainé une seconde intervention de l'Ecomog. Le 8 octobre1997, le conseil de sécurité des nations unies proclame un embargo sur les armes et les produits pétroliers à destination de la Sierra Leone et autorise la CEDEAO à veiller à sa mise en œuvre. Le 23 octobre 1997, sous la pression de la CEDEAO, la junte au pouvoir signe un accord de cessez-le-feu. En février 1998, la violation de l'accord entraine la riposte de l'ecomog et renverse la junte avec le retour du président Kabbah le 10 mars.

(iii) **La Guinée-Bissau** - Les interventions dans ce pays ont commencé en 1998 avec le déploiement de l'ecomog en juin 1998 pour arrêter la rébellion du chef d'état-major, le général Ansumane Mané contre le président Jöao Bernado Vieira. Les rebelles prennent le dessus et un accord de paix est signé le 1er novembre 1998 à Abuja, au Nigéria sous l'égide de la CEDEAO. L'accord prévoit un cessez-le-feu, le retrait des troupes étrangères (Sénégalaises et Guinéennes) et le redéploiement d'une force d'interposition. De nouvelles attaques ont encore eu lieu jusqu'en mai 1999, le président Vieira est destitué et part en exil au Portugal. Il reviendra au pouvoir en 2005, avant d'être assassiné en 2009. Le conflit prend alors fin et les forces de l'ecomog se retirent à la fin du mois de juin, remplacées par le bureau des nations unies pour la consolidation de la paix. À la fin du mois d'avril 2012, une junte militaire prend le pouvoir et accepte de mettre en place une période de transition devant durer un an. Les forces ouest-africaines seront chargées de veiller à cette transition.

(iv) **La Côte d'Ivoire** - En faveur de la crise politico-militaire, la CEDEAO va s'inviter afin de régler la crise qui oppose l'armée nationale aux forces nouvelles. Son intervention va contribuer à un cessez-le-feu signé le 17 octobre 2002 sans succès. En décembre de la même année, la CEDEAO va envoyer des troupes aux côtés des troupes françaises « Licorne » pour surveiller le cessez-le-feu conclu à Marcoussis le 24 janvier 2003. Ses casques blancs au nombre de 3 000 hommes fournis par la Gambie, la Guinée et le Mali vont progressivement être remplacés par les Casques bleus de la mission des Nations unies en Côte d'Ivoire (Minuci) et qui redeviendra onuci.

(v) **La Gambie** - La CEDEAO, dont l'initiative a été approuvée par le conseil de sécurité des Nations unies a intervenu à partir du 19 janvier 2017 pour faire respecter les résultats du suffrage universel. Face au refus du Président M. Jammeh, d'accepter les résultats des élections présidentielles, remportées par l'opposant M. Barrow. Les forces de la CEDEAO vont intervenir pour installer le vainqueur des élections au pouvoir.

CHAPITRE 2 :

PROCESSUS ABOUTISSANT À LA CRÉATION DE L'ECO

La création de l'ECO a été un long processus qui a commencé avec le traité d'Abuja et qui a défini les six étapes pour la mise en place du processus d'intégration et a prévu la création d'une monnaie unique. Sur le plan économique et monétaire, on peut distinguer les pays « convergents » de l'UEMOA qui se sont engagés depuis la dévaluation du FCFA de 1994 dans la mise en œuvre des politiques macro-économiques semblables, notamment en maitrisant l'inflation et ont opté pour la contra cyclicité des politiques budgétaires.

En 1999, une deuxième zone monétaire a été créée comprenant les pays hors UEMOA, appelée zone monétaire de l'Afrique de l'Ouest (ZMAO). L'objectif de celle-ci était de renforcer leur convergence macro-économique et d'harmoniser leurs politiques économiques. Le retard pris dans la réalisation de cet objectif a amené les autorités politiques à abandonner cette étape pour créer l'ECO.

La création de l'ECO sans la convergence générale des politiques économiques des pays d'une part et l'absence d'une banque centrale commune apparaît-il comme un semi-échec ou constitue-t-il un « saut vers l'inconnu » ?

De l'échec de la chambre de compensation à l'agence monétaire de l'Afrique de l'Ouest

Dans l'optique de l'intégration monétaire on peut rappeler quelques étapes parcourues qui sont : la création de la chambre de compensation, de l'agence monétaire ouest africaine (CCAO) et de l'institut monétaire de l'Afrique de l'Ouest (IMAO).

La chambre de compensation de l'Afrique de l'Ouest

Elle a été opérationnelle le 1er juillet 1976 et a pour but de développer les échanges entre les pays membres de la CEDEAO. Sur le plan monétaire, la chambre facilite les échanges de différentes monnaies utilisées lors des transactions par l'intermédiaire les différentes banques centrales de la sous-région qui font les compensations entre elles. La chambre de compensation n'a pas produit les résultats escomptés : En 1984, les transactions représentaient 224, 4 millions de UCAO (unité de compte de l'Afrique de l'Ouest) contre 74,3 millions en 1979. Mais les transactions ont baissé d'une manière drastique entre 1984 et 1989 de -87 %.

Abdourahamane Diallo énonce les « facteurs explicatifs de l'échec de la CCAO » : l'existence d'une monnaie convertible le FCFA a réduit le nombre des opérations à la compensation ; l'exigence de financer les soldes par des devises, fait donc obligation d'en disposer avant toute transaction, or, l'existence d'une chambre de compensation a pour but d'éviter une telle pratique et enfin les marchés informels de change qui captent certains opérateurs économiques.

L'agence monétaire de l'Afrique de l'Ouest (AMAO)

Pour succéder à la CCAO, l'AMAO a été créée en 1994 avec des objectifs plus larges. Elle devrait développer les échanges dans les pays de l'Afrique de l'Ouest et préparer l'avènement de la monnaie unique. Ces objectifs consistent à encourager et à promouvoir des politiques et des programmes relatifs à l'intégration monétaire et économique et assurer la mise en place d'une zone monétaire unique en Afrique de l'Ouest. Ainsi l'agence devrait promouvoir l'application de taux de change déterminé par le marché et gérer les chèques de voyage-CEDEAO utilisés pour faciliter les transactions et les transferts de capitaux dans la région.

L'institut monétaire de l'Afrique de l'Ouest (IMAO)

L'institut a été mis en place en 2001 avec comme objectif principal de faciliter la création d'une banque centrale commune et d'une monnaie unique dans la zone CEDEAO. Pour y parvenir, l'IMAO devrait mettre en place le processus de suivi de l'état de convergence des pays membres ; harmoniser les dispositions réglementaires et concevoir des cadres politiques ; promouvoir un système régional de paiement, étudier la question relative au mécanisme de détermination de taux de change et du taux de conversion ; l'organisation, la conception et la préparation technique de la nouvelle monnaie. Et enfin, l'IMAO devrait mettre en place la zone monétaire de l'Afrique de l'Ouest (ZMAO).

Création de la zone monétaire de l'Afrique de l'Ouest (ZMAO)

La zone monétaire de l'Afrique de l'ouest (ZMAO) a été créée à Accra, au Ghana en 2000 par la conférence des chefs d'État et de gouvernement de la CEDEAO parallèlement à l'union économique et monétaire ouest africaine (UEMOA). Elle comprend la Gambie, le Ghana, la Guinée, le Nigéria et la Sierra- Leone. En 2010, le Libéria a intégré cette zone. L'objectif essentiel visé est d'amener ces pays « divergents » à construire des économies semblables en menant des politiques macro-économiques harmonisées afin d'intégrer la future union monétaire de la CEDEAO. Ces pays devraient atteindre les critères de convergence préalablement définis par les structures de la CEDEAO, qui constituent les conditions fondamentales pour intégrer une union monétaire. Deux séries de critères ont été définies.

(i) Les critères de premier rang : Le déficit budgétaire hors dons (≤ 4 % du PIB) ; le taux d'inflation (≤ à 5 %), ce chiffre est passé à 10 % ; le financement du déficit budgétaire par la banque centrale (≤ 10 % des recettes fiscales de l'année antérieure) ; les réserves brutes (≥ à 6 mois d'importation), ce chiffre a été ramené à 3.

(ii) Les critères de second rang : Le cumul des arriérés intérieurs (= à 0) ; les recettes fiscales (≥ 20 % du PIB) ; le rapport entre la masse salariale et les recettes fiscales (≤ à 35 %) ; les investissements financés par des ressources intérieures sur les recettes fiscales (≥ à 20 %) ; la stabilité du taux de change réel et le taux d'intérêt positif. Ces critères par la suite ont été également ramenés à deux.

À savoir la variation de taux de change nominal (+ou- ≤ à 10 %) et le ratio dette/PIB (≤ 70 %).

Pour intégrer une union monétaire, les critères de convergence nominale doivent être remplis par les pays membres de la communauté. Dans le cas contraire, la stabilité de la monnaie serait fragilisée avec des conséquences sur les économies des pays membres.

Naissance prématurée de la zone ECO ?

La décision prise par les chefs d'État et de gouvernement de créer l'ECO est politique et souveraine. Elle est guidée par la politique d'intégration qui est l'objectif fondamental de la CEDEAO. Par contre, les conditions techniques et institutionnelles ne sont pas totalement remplies. L'objectif affiché des politiques semblables n'est pas atteint par la majorité des pays hors zone franc.

Sur le plan institutionnel, les structures de la zone ECO ne sont pas formellement créées : L'inexistence d'une banque centrale commune et son statut, la politique monétaire, la gestion des réserves (centralisée, semi-centralisée ou autonome).

La volonté politique est réelle

En décidant de créer la zone monétaire de l'Afrique de l'Ouest, le 29 juin à Abuja, au Nigéria, les chefs d'État et de gouvernement de la CEDEAO ont affiché leur volonté d'aller très vite vers l'intégration monétaire et au- delà répondre aux vœux de l'union africaine de construire l'union monétaire africaine. Plusieurs échéances décidées n'ont jamais été tenues (2003, 2005 2009, 2015). C'est une décision historique car c'est le premier regroupement économique en Afrique qui a créé une monnaie unique couvrant quinze pays, la zone la plus vaste, constituant ainsi le plus grand marché unique du continent. Les chefs d'État et de gouvernement ont deux solutions : Commencer l'union monétaire avec des pays « convergents » et progressivement intégrer les autres membres au fur et à mesure qu'ils se conformeront aux critères de convergence. C'est ce qu'a dit le Président Ivoirien Alassane Ouattara « l'approche graduelle ». Il désigne la majorité des pays de l'UEMOA, pays de la zone du franc CFA et le Cap Vert.

Dans l'approche graduelle, le géant de la région, le Nigéria, qui possède d'importantes réserves extérieures, représentant les trois quarts du PIB serait donc exclu de la première vague.

Ferdinand Bakoup et Daniel Ndoye sont favorables à l'option du « Big-Bang » qui intègre dès le début tous les membres de la Communauté.

En outre, la vision selon laquelle l'ECO serait le FCFA en 2020 est critiquée par le président du Niger, Président en exercice de la CEDEAO Mahamadou Issoufou. Pour lui « la création de l'ECO signifie la sortie du FCFA. Cette monnaie sera, je le répète, liée à un panier de monnaies, constitué des principales devises euro, dollar, yuan... avec lesquelles nous commerçons. Ce ne sera pas le FCFA sous un autre nom, ainsi que j'entends parfois ». La problématique évoquée par le président Ivoirien le 23 décembre 2019 à Abidjan en présence de Emmanuel Macron, que le FCFA deviendrait l'ECO a provoqué également un tôlé, en particulier chez les anglophones et la Guinée. L'inquiétude des ministres et les gouverneurs des banques centrales appartenant au conseil de convergence de la zone monétaire de l'Afrique de l'ouest doit être évoqué dans ces réserves. Ils ont déclaré à l'issue d'une réunion extraordinaire tenue jeudi 16 janvier 2020 à Abuja au Nigéria : « Le conseil de convergence de la ZMAO tient à souligner que cette action n'est pas conforme à la décision de l'Autorité des Chefs d'État et de Gouvernement de la CEDEAO d'adopter l'ECO comme nom d'une monnaie unique indépendante de la CEDEAO » et de préciser encore que « Le conseil de convergence de la ZMAO réitère l'importance pour tous les pays membres de la CEDEAO d'adhérer aux décisions de l'Autorité des Chefs d'État et de Gouvernement de la CEDEAO concernant la mise en œuvre de la feuille de route révisée du programme de monnaie unique de la CEDEAO »

L'année 2020 est-elle la date de l'opérationnalité de la zone ECO ?

La création de l'ECO a été annoncée sans que le cadre institutionnel soit construit et les conditions de convergence macro- économique soient remplies par la totalité des pays membres. Ces préoccupations ont été exprimées tant par des experts de la CEDEAO que par des économistes indépendants. Le 18 juin 2019, dans un document signé par le ministre Ivoirien de l'économie et des finances, Adama Koné, faisant le compte rendu des travaux des ministres de l'Économie et des Finances des pays de la CEDEAO, et passant en revue l'état de la convergence macro-économique en 2018 indiquait « que les performances des États membres se sont légèrement détériorées par rapport à celles de 2017. Quant aux performances au titre des critères primaires en 2018, il fait observer que la situation s'est détériorée pour le critère de déficit budgétaire, vu que cinq (5) pays respectent la norme, contre sept (7) en 2017 ». Le rapport souligne néanmoins que les autres critères sont relativement satisfaits et « globalement aucun pays n'a respecté tous les critères de convergence en 2018 ». Ils ont décidé de mettre en place un comité technique pour suivre les performances et le respect des critères de convergence et d'assurer la coordination des politiques entre les États membres. Dans un article paru dans financial afrik du 21 juillet 2019 et écrit par Cheikhna Bounajim Cissé, l'auteur rapporte quelques insuffisances qui risquent de pénaliser l'opérationnalité de l'ECO : Le financement du projet de la monnaie unique n'est pas bouclé, or c'est un aspect essentiel, il cite également les propos du ministre des affaires étrangères du Togo, Robert Dussey qui déclare « qu'il ne faut se leurrer, il n'aura pas une monnaie palpable, un billet d'ECO que tout le monde verra en 2020 ». Le président du Nigéria, pessimiste dès le 24 octobre 2017 émettait des réserves sérieuses sur la création de l'ECO en

2020 : « J'ai demandé aujourd'hui à Niamey, aux pays membres de la CEDEAO à procéder avec prudence au sujet du processus pour une monnaie régionale d'ici à 2020. Notre avis est que les États membres ne sont pas encore pleinement préparés à une Union monétaire. Nous ne devons pas baisser les efforts pour le respect des critères ou nous pressés tout simplement parce que nous voulons parvenir à une union monétaire. Il y a encore beaucoup à faire ». Certes, l'euro a été créé en 1993, mais c'est seulement en janvier 2002 que la monnaie papier a commencé à circuler d'une part et que le débat sur la création de la monnaie unique européenne a commencé avec le « plan Barre » en 1969 et le « plan Werner » qui lui a succédé en 1970 n'a suscité des débats qu'en 1980.

En réalité, c'est une volonté souveraine d'avoir une monnaie unique qui a guidé la plupart des chefs d'État de la CEDEAO, ce qui avait résumé le président de la conférence des chefs d'États et de gouvernement de la CEDEAO ce jour du 24 octobre 2017 à Niamey : « La mise en place d'une Union monétaire est à la fois une décision économique et politique..... Les remises en question répétitives des dates de l'avènement de notre monnaie unique, même si elles se justifient, peuvent développer une lassitude et installer un scepticisme dans l'esprit de nos concitoyens ». Ce qui veut dire que l'on devrait mettre en avant la volonté politique, tout en veillant aux critères de convergence qui ne devraient pas être un frein à l'unité de l'Afrique qui pourrait s'inspirer du fonctionnement des pays comme les états unis avec 50 États, la Fédération de Russie, etc. avec une monnaie unique.

Les politiques convergentes inachevées

Les politiques macro-économiques convergentes, non seulement elles s'imposent aux pays entrant dans une union monétaire, mais elles doivent être maintenues en permanence pour l'efficience de l'union monétaire. Le tableau 1 montre les difficultés à atteindre les critères de convergence de premier rang. Or, ces critères ont pour objectifs « le renforcement de l'homogénéité et de la stabilité des principaux indicateurs macroéconomiques des pays avant qu'ils n'adhèrent à l'union [A.D Mianzenza]. Le critère sur le déficit budgétaire n'est satisfait que par deux pays. Or, compte tenu des dysfonctionnements économiques des pays, ce critère est important pour les politiques budgétaires anticycliques. Le taux fixé pour d'inflation est très au-delà de la norme admise par les économistes et appliquée dans les unions monétaires qui est de 3 %. Néanmoins avec le taux d'inflation de 10 % qui est la norme admise au sein de la zone ECO, deux pays de la ZMOA ont un taux supérieur à 10 % en 2018, le Nigéria et la Sierra Leone avaient respectivement 12,1 % et 16,1 %. En 2016, ces pays avaient respectivement 10,8 % et 15,7 %, soit une aggravation de l'évolution de l'indice des prix.

T1 Résultats des critères de 1er rang des pays de la ZMOA (2018)

	Déficit Bug /PIB	**Inflation (%)**	**Déficit budgétaire/Banque centrale**	**Réserves brutes en mois d'importations**
Normes	*≤ à 3*	*≤ à10*	*≤ à 10 % des recettes fiscales de l'année (2016)*	*3 mois*
Cap-Vert	**2,7**	**1,3**	**0**	**5,4**
Gambie	**6,6**	**6,5**	**33,1**	**2,4**
Ghana	**7**	**9,8**	**0**	**2,7**
Guinée	**2**	**9,7**	**1,3**	**1,8**
Libéria	**5,6**	**23,4**	**0**	**2,7**
Nigéria	**4,5**	**12,1**	**0**	**7, 1**
Sierra Leone	**6,8**	**16,1**	**33,1**	**3,2**

Nombre de pays ayant respecté les critères de convergence	**2**	**4**	**5**	**3**

(1) Le Cap Vert ne fait pas partie de la ZMOA

Source : FMI, CEDEAO

Il en est même du critère de réserves brutes en mois d'importations où seuls trois pays de la ZMOA ont satisfait à celui-ci. Il est important pour la couverture des importations avec des effets immédiats sur la monnaie par la dégradation de la situation extérieure des pays.

Le critère sur le financement par la banque centrale qui est aussi important a été respecté par 5 sur 7. Il limite le développement de l'inflation.

En ce qui concerne le critère sur la dette publique présenté dans le tableau 2 ci-dessous, les 6 pays de la ZMOA remplissent les conditions le CapVert, dont

T2 Résultats des critères de 2e rang des pays de la ZMOA en 2018

Pays	Variation de taux de change nominal (+/- ≤ à 10 %)	Dette/PIB ≤ 70 %
Cap-Vert	**ND**	**91,1**
Gambie	**ND**	**44,2**
Ghana	**ND**	**27,9**
Guinée	**ND**	**22,7**
Libéria	**ND**	**28,7**
Nigéria	**ND**	**8,8**
Sierra Leone	**ND**	**42,9**
Nombre de pays ayant respecté ce critère de convergence		**6**

Source : FMI

La dette est insoutenable avec taux 91,1 % du PIB, mais en régression par rapport à l'année 2016 où le ratio était de 128,6 % du PIB.

Ce pays n'est membre d'aucune zone monétaire, mais est membre de la CEDEAO.

T3 Résultats des critères de 1er rang des pays de l'UEMOA en 2018	**Déficit Budg / PIB**	**Inflation (%)**	**Déficit budgétaire/ Banque centrale**	**Réserves brutes en mois d'importations**
Normes	*≤ à 3*	*≤ à10*	*≤ à 10 % des recettes fiscales de l'année*	*3 mois*
Bénin	**1,9**	**0,8**	**ND**	**ND**
Burkina-Faso	**3,3**	**1,9**	**ND**	**ND**
Côte d'Ivoire	**2,1**	**0,6**	**ND**	**ND**
Guinée-Bissau	**1,3**	**0,4**	**ND**	**ND**
Mali	**2,6**	**0,0**	**ND**	**ND**
Niger	**3,6**	**2,7**	**ND**	**ND**
Sénégal	**1,7**	**0,5**	**ND**	**ND**
Togo	**0,1**	**0,9**	**ND**	**ND**
Nombre de pays ayant respecté les critères de convergence	**6**	**4**		

Source : UEMOA

Les pays qui ont en commun le FCFA maitrisent mieux les conditions d'intégration à la nouvelle zone monétaire.

T4 Résultats des critères de 2e rang des pays de l'UEMOA en 2018

	Variation de taux de change nominal (+/- ≤ à 10 %)	Dette/PIB ≤ 70 %
Bénin	**ND**	**56,2**
Burkina Faso	**ND**	**42,3**
Côte d'Ivoire	**ND**	**48,6**
Guinée-Bisau	**ND**	**50,1**
Mali	**ND**	**36,6**
Niger	**ND**	**45,4**
Sénégal	**ND**	**54**
Togo	**ND**	**73,9**
Nombre de pays ayant respecté ce critère de convergence		**7**

Source : UEMOA

En effet, ces pays sont sous surveillance multilatérale depuis la dévaluation du FCFA en 1994. Notre analyse est incomplète sur cette zone, ne disposant pas certaines données nominatives sur les réserves et le financement par la banque centrale. Néanmoins en ce qui concerne les réserves extérieures et au nom de la solidarité, les réserves extérieures ne sont pas nominatives. En outre le financement de la banque centrale vis-à-vis des États membres est limité statutairement à 20 % des recettes fiscales de l'année antérieure.

En résumé, à l'issue des résultats de la convergence nominale obtenus par chacun des pays membres de la CEDEAO en 2018, on peut globalement considérer que les pays de l'UEMOA sont éligibles à la zone ECO, toutes choses étant égales par ailleurs. Au niveau des pays de ZMAO, le Cap Vert, la Guinée et le Ghana peuvent également devenir membres de la zone monétaire unique à partir des chiffres de 2018.

DEUXIÈME PARTIE

LA PROBLÉMATIQUE DE LA CRÉATION D'UNE UNION MONÉTAIRE À MONNAIE UNIQUE EN AFRIQUE CENTRALE

CHAPITRE 3

La Géo économie des pays de la CEEAC

La création d'une union monétaire en Afrique centrale est contenue dans le traité fondateur de la CEEAC. Elle répond au traité d'Abuja qui préconise la création d'une communauté économique africaine et une union monétaire africaine. L'association des banques centrales africaines (ABCA) et la commission de l'union africaine ont adopté, en 2013, une stratégie conjointe CUA-ABCA pour la création d'une monnaie unique et d'une banque centrale africaine à l'échelle continentale. Ainsi, l'union africaine depuis 1980 a défini l'intégration monétaire africaine comme la fusion de toutes les unions monétaires régionales.

La géographie et les institutions

Naissance

En avril 1980, à Lagos, l'ancienne capitale du Nigéria, l'organisation de l'unité africaine (OUA), ancêtre de l'union africaine (UA) déclare comme objectif fondamental un plan le développement économique, social et culturel de l'Afrique par l'émergence des structures économiques régionales aboutissant à la création d'un marché commun, et plus tard à la communauté économique et monétaire africaine.

C'est dans ce cadre que la communauté économique des États de l'Afrique centrale (CEEAC) a été créée en 1983 à Libreville, au Gabon. Le traité est rentré en vigueur en 1984.

Le traité a été révisé par les chefs d'États et de gouvernement lors du 9e sommet extraordinaire tenu le 18 décembre 2019 à Libreville, au Gabon. Des décisions importantes ont été prises pour redynamiser la Communauté à travers cinq nouveaux instruments juridiques relatifs à la réforme institutionnelle. Il s'agit : du traité révisé instituant la CEEAC ; du protocole révisé relatif au conseil de paix et de sécurité de l'Afrique centrale ; du règlement financier révisé de la CEEAC ; du statut du personnel révisé de l'organisation sous régionale ; du cadre organique de la commission de la CEEAC. Et enfin pour financer la communauté, il a été mis en place le mécanisme de la Contribution Communautaire d'Intégration (CCI).

La CEEAC est composée de 11 pays qui sont : Angola, Burundi, Cameroun, Centrafrique, Congo, République Démocratique du Congo, Gabon, Guinée Equatoriale, Rwanda, Sao Tomé-et-Principe et Tchad. Elle est peuplée de 186 567 000 d'habitants (8e mondial) [2017], sur une superficie de 6 667 047 km² (7e mondial). La RDC est le plus grand pays le plus peuplé avec une superficie de 2 344 858 km² et 81 340 000 d'habitants et ensuite l'Angola avec 1 246 700 km² et 29 784 000 d'habitants. Le Tchad a respectivement 1 284 000 km² en superficie et 14 900 000 d'habitants, alors que la Cameroun qui n'a que 475 650 km² a 24 054 000 d'habitants. Le moins peuplé par rapport à sa superficie est la République Centrafrique qui a 4 659 000 d'habitants pour une superficie de 622 984 km²

Le Rwanda, qui a quitté volontairement la communauté en 2007 l'a regagnée en 2015.

Par ailleurs, il faut noter que certains pays appartiennent aussi à d'autres communautés économiques régionales (CER) reconnues également par l'union africaine. Il s'agit de l'Angola, de la République Démocratique du Congo qui sont aussi membres du SADC (communauté de développement de l'Afrique australe), la RDC étant aussi affiliée au COMESA (marché communauté de l'Afrique orientale et australe). La République centrafricaine, le Tchad et Sao Tomé-et-Principe quant à eux, sont également membres de CEN-SAD (communauté des États sahélo-sahariens). Le Rwanda fait partie de COMESA et la CAE (communauté d'Afrique de l'est).

Principes fondamentaux

La communauté représentée par les hautes autorités s'engage à respecter les principes fondamentaux suivants :

— de souveraineté, d'égalité et d'indépendance de tous les États, d'intangibilité des frontières, de bon voisinage, de non-ingérence dans leurs affaires intérieures, de subsidiarité, de géométrie variable, de non-agression, de non recours à la force pour le règlement des différends et le respect de prééminence du droit dans leurs rapports mutuels ;

— de non-indifférence, de solidarité et d'assistance mutuelle, de complémentarité, de loyauté envers la communauté et d'égalité des genres ;

— des principes démocratiques garantissant l'État de droit, les élections libres et transparentes, la responsabilité des gouvernants et des titulaires des charges publiques, le respect des droits de l'homme et des libertés fondamentales, conformément à la déclaration universelle des droits de l'homme, à l'acte constitutif de l'union africaine, à la charte africaine des droits de l'homme et des peuples, à la charte africaine de la démocratie, des élections et de la gouvernance et aux instruments internationaux et africains pertinents ;

— de bonne gouvernance, notamment la transparence dans la gestion des ressources communautaires, la lutte contre la corruption et les situations de conflit d'intérêt ;

— de maintien de la paix, de la sécurité et de la stabilité régionale par la promotion et le renforcement des relations de bon voisinage à travers notamment le respect de l'intégrité territoriale et de la souveraineté des États et l'interdiction pour tout État membre de mener une guerre contre un autre État membre.

Buts et objectifs de la communauté

Le but de la communauté vise à promouvoir la coopération et le renforcement de l'intégration régionale en Afrique centrale, dans tous les domaines de l'activité politique, sécuritaire, économique, monétaire, financière, sociale, culturelle, scientifique, et technique en vue de réaliser l'autonomie collective, d'élever le niveau de vie des populations, d'accroitre et de maintenir la stabilité économique, de renforcer et de préserver les étroites relations pacifiques entre ses États membres et de contribuer au progrès et au développement du continent africain.

Ses objectifs fondamentaux sont les suivants :

— L'élimination entre les États membres des droits de douane et toutes autres taxes d'effet équivalent à l'importation et à l'exportation des marchandises ;

— L'établissement et le maintien d'un tarif douanier extérieur ;

— L'établissement d'une politique commerciale commune à l'égard des États tiers ;

— La suppression, entre les États membres, des obstacles à la libre circulation des biens, des services, des personnes, des capitaux et au droit d'établissement ;

— L'harmonisation des politiques nationales en vue de la promotion des activités communautaires, notamment dans les domaines de l'industrie, des transports et communications, de l'énergie, de l'agriculture, des ressources naturelles, du commerce, de la monnaie et des finances, des activités bancaires, des ressources humaines, de l'humanitaire, de l'environnement et du climat, du tourisme, de l'enseignement et de la culture, de la science et de la technologie ;

— La création de fonds destinés à soutenir en tant que besoin la communauté ;

— Le déploiement d'actions spécifiques pour le développement des États membres sans littoral, insulaires, partiellement insulaires, enclavés, semi-enclavés ;

— L'harmonisation des codes nationaux des investissements pouvant aboutir, à terme, à l'adoption d'un code communautaire unique des investissements ;

Les institutions de la CEEAC

Pour son fonctionnement, la communauté a mis en place six organes : La conférence des chefs d'État et de gouvernement, le conseil des ministres, la commission, la cour de Justice, la commission consultative et les comités techniques.

La conférence des chefs d'État et de gouvernement

C'est l'organe suprême, et est composé des chefs d'États membres. Sa présidence est assurée par un chef d'État, par ordre alphabétique français de désignation officielle des États membres pour une durée d'une année. Elle se réunit une fois par an en session ordinaire et peut aussi se réunir en session extraordinaire à l'initiative du président de la conférence ou à la demande d'un État membre sous réserve de l'approbation de la majorité de ses membres.

Les fonctions de la conférence sont les suivantes

— déterminer la politique générale et les principales orientations de la communauté, donner des directives, harmoniser et coordonner les politiques sécuritaires, économiques, scientifiques, techniques, culturelles et sociales des États membres ;

— veiller au fonctionnement régulier des institutions de la Communauté, ainsi qu'au suivi de la réalisation des objectifs de celles-ci ;

— adopter l'organigramme de la commission et le statut du personnel ;

— nommer et révoquer le président et le vice-président de la commission, les commissaires et les premiers responsables des organes et institutions conformément aux dispositions prévues par les textes constitutifs respectifs ;

— approuver les décisions du conseil des ministres ;

— approuver l'organigramme de la commission et des commissaires, des contrôleurs financiers, de l'agent comptable, du collège des commissaires aux comptes. La conférence peut déléguer au conseil des ministres le pouvoir de prendre des décisions et directives dans les matières qui relèvent de sa compétence ;

— saisir, en cas de besoin la cour de justice et/ou la Cour des comptes de la communauté lorsqu'elle constate la défaillance d'un État membre dans le respect de ses obligations, ou qu'une institution de la communauté a agi en dehors des limites de sa compétence ou a excédé les pouvoirs qui lui sont conférés par les dispositions du présent traité.

— prendre des mesures en matière de prévention, de maintien, de consolidation, de promotion et de la paix et de la sécurité en Afrique centrale ;

Le conseil des ministres

Le conseil des ministres est composé des ministres en charge de l'intégration régionale/affaires étrangères, de l'économie et des finances de la CEEAC ou tout ministre désigné par chacun des États membres de la Communauté.

Sa présidence est assurée par le ministre de l'État membre dont le chef d'État préside la conférence. Le conseil se réunit deux fois par an en session ordinaire. L'une des sessions est consacrée à l'examen et à l'adoption du budget de la communauté. Il peut être convoqué en session extraordinaire à l'initiative de son président ou à la demande d'un État, sous réserve de l'approbation des deux tiers de ses membres.

Le conseil est chargé de veiller au bon fonctionnement et au développement de la communauté. A cet effet il :

— examine sur proposition de la commission, les questions à soumettre à la conférence des chefs d'État et de gouvernement ;
— formule des recommandations à l'intention de la conférence sur toute action tendant à la réalisation des objectifs de la communauté dans le cadre de la politique générale et de grandes orientations définies et arrêtées par la conférence ;
— nomme l'agent comptable central, l'auditeur interne et les contrôleurs financiers des organes et institutions de la communauté ;
— oriente les activités des autres institutions de la communauté ;
— approuve le projet annuel de performance (PAP) et le budget général de la communauté préparé par la commission ;
— peut demander à la cour de la justice des avis consultatifs sur toute question juridique.

La Commission

La commission est l'organe d'exécution de la communauté et gardienne de l'esprit communautaire. Elle participe à l'élaboration des décisions, règlements et directives. Elle est régie par le principe de la collégialité.

La commission est composée de 7 commissaires dont le (la) Président (e) et le (la) Vice-président (e).

Le président, le vice-président de la commission et les commissaires sont nommés par la conférence pour un mandat de 5 ans non renouvelable et de manière rotative, selon l'ordre alphabétique français de désignation officielle des États.

La commission est chargée entre autres :

— de l'exécution des décisions de la conférence ;
— de la promotion des programmes et projets de développement communautaires ;
— de l'élaboration des projets de programmes d'activités et du budget de la communauté et de la supervision de leur exécution après leur approbation par le conseil ;
— du recrutement du personnel de la commission et de la nomination aux postes autres que ceux des fonctionnaires statutaires, conformément au statut du personnel ;
— de soumettre au parlement le projet de budget pour adoption au terme de son examen et approbation par le conseil des ministres.
— de présenter au parlement le rapport d'exécution dudit budget.

La cour de la justice et la Cour des comptes

La cour de justice et la Cour des comptes de la communauté sont composées de juges désignés par la conférence, pour une durée de six (6) ans non renouvelable, parmi les ressortissants des États membres de la communauté, offrant des garanties d'indépendance, d'impartialité et d'intégrité et possédant les qualifications requises pour exercer les plus hautes fonctions juridictionnelles.

Les arrêts de la cour de justice et de la Cour des comptes ont force obligatoire à l'égard des États membres, des organes et des institutions de la communauté et des personnes physiques et morales.

Les institutions financières

Les États se sont engagés à créer une banque de développement de la communauté et une banque centrale à l'issue du processus d'une fusion monétaire.

Les États se sont également engagés à favoriser le commerce des marchandises et des services au sein de la communauté par le biais d'une chambre de compensation.

Le conseil de paix et de sécurité l'Afrique centrale (COPAX)

Le COPAX est un mécanisme de coopération et de décision en matière de défense commune, de promotion, de maintien et de consolidation de la paix, de sécurité et de stabilité de la communauté. C'est un outil de prévention, de règlement des conflits et de gestion des crises. Il constitue un système d'alerte et de sécurité collective visant à permettre une réaction préventive, rapide et efficace aux situations de crises et conflits en Afrique centrale.

Son objectif est la stabilité politique et sécuritaire dans la région, à travers la mise en œuvre d'un ensemble de politiques communes.

Il est composé de tous les États membres ayant des droits égaux. Il dispose de trois instances : La conférence, le comité technique spécialisé sur la défense, la sureté et la sécurité et le comité des représentants permanents.

Le COPAX dispose d'instruments de mise en œuvre suivants :

— le comité des sages ;
— la force multinationale de l'Afrique centrale (FOMAC), en attente dans les États membres et susceptibles d'être mis immédiatement à la disposition de la communauté ;
— le mécanisme d'alerte rapide de l'Afrique centrale (MARAC) ;
— le mécanisme régional de coopération policière et judiciaire ;
— la stratégie régionale de sûreté et sécurité maritimes ;
— les organismes de formation
— et tout autre instrument créé par la conférence.

L'économie de la CEEAC

Dans cette section nous allons présenter l'évolution récente du PIB, les richesses naturelles des pays de la CEEAC, le rôle de l'économie verte et l'état de pauvreté en Afrique centrale.

Évolution récente du produit intérieur brut (PIB)

La communauté économique des États de l'Afrique centrale (CEEAC) a eu un PIB en valeur de 255, 2 milliards de dollars (2017, 39e mondial), un PIB/habitant en PPA 2 801 dollars (2017). Le niveau de la production de la richesse est disparate, ainsi l'Angola détient 47 % du PIB communautaire, la République Démocratique du Congo 19 %, le Cameroun 13,6 %. Les autres pays représentent entre 5,8 % et 0,1 %.

En parité de pouvoir d'achat (PPA), le PIB représente 522, 5 milliards de dollars. Le niveau général des prix étant plus important en Angola et en RDC, leur part dans le PIB en PPA diminue et passe respectivement à 37,9 % et 13,8 %. Par contre la maitrise de l'inflation au Cameroun avec taux 0,6 % projette ce pays à 17,1 % dans le PIB en PPA régional et devient le second pays en termes de performance après l'Angola, alors que la monnaie congolaise s'est dépréciée de 31 % avec un taux d'inflation de 54 % en 2017.

La part du secteur agricole dans le PIB diminue constamment, passant de 21 % du PIB en 1990 à 11 % du PIB en 2017 au profit du secteur secondaire qui se développe à cause des activités extractives. Sa part dans le PIB est passée dans la même période de 34 % à 49 %, tandis que le secteur des services représente environ 40 %.

Dans une étude faite par la commission africaine/OCDE en 2018, où le Rwanda n'en fait pas partie des pays de la CEEAC, les auteurs montrent que la croissance est portée par l'investissement et la consommation privés. Cependant le bas niveau de l'investissement public handicape le développement des infrastructures économiques qui est du domaine de l'État. À titre d'exemple, l'accès à l'électricité qui est de 30 % dans la communauté cache bien des différences : Le Burundi, le Gabon, la Guinée Equatoriale et Sao Tomé-et-Principe ont une couverture électrique entre 50 % et 70 % alors que pour la République centrafricaine, la RDC et le Tchad, la couverture n'est que de 10 %.

Par pays, les membres de la CEEAC ont bénéficié d'une croissance relativement bonne entre 2010 et 2015 avec une moyenne de 4 % par an. Ce résultat est contrasté selon les pays. La RDC et le Rwanda ont connu respectivement une croissance de 7,9 % et 7,5 % en moyenne pendant la période étudiée, alors que la République centrafricaine et la Guinée Equatoriale ont connu une croissance respectivement de -3,4 % et de -1,2 % pour des raisons différentes. La République centrafricaine est en crise sécuritaire depuis 2013 alors que la Guinée Équatoriale dont la croissance est tributaire du pétrole a une économie peu diversifiée.

La situation a commencé à se dégrader à partir de 2016, à cause de la baisse des cours des matières premières et du prix du pétrole. Le taux de croissance a fortement baissé atteignant 0,2 % en 2016 et, pour la plupart des pays producteurs du pétrole, le taux est devenu négatif. C'est le cas de la Guinée Equatoriale avec un taux de croissance de -8,8 % et le Tchad -6,4 %. Sauf le Rwanda, dont la croissance a légèrement cru pour se situer à 6 %, le Cameroun 4,6 %. L'Angola est resté en récession depuis 2016 avec une moyenne de -1,5 % entre 2016 et 2018. Par contre, la République centrafricaine est sortie de récession avec un taux moyen de 4,4 % entre 2016-2018, consécutif à l'amélioration de la situation politique par l'organisation des élections générales apaisées et crédibles et la relance de certains secteurs.

La croissance a continué sa progression pour atteindre 1 % en 2017 et 2 % en 2018.

Les foyers conflictuels qui sont nombreux dans la région constituent un facteur déstabilisant et ont un effet négatif sur la croissance. Les crises humanitaire et sécuritaire, si elles continuent auront sans doute des répercussions inévitables sur la croissance.

Le graphique ci-après rend compte de l'évolution du taux de croissance des pays de la CEEAC.

Graphique 1

Les richesses naturelles des pays de la CEEAC

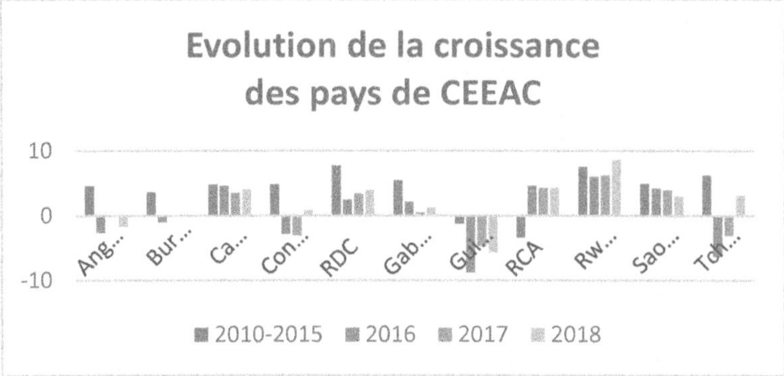

La communauté économique des États de l'Afrique centrale dispose d'énormes richesses tant, dans le domaine miner et du pétrole qui fait de la région la plus riche d'Afrique. Les réserves en pétrole brut des sept États étudiés représentent 15 % de celles de l'Afrique. Ce pétrole est préféré à cause de sa qualité, car il est léger et peu soufré et donc facile à raffiner. L'Angola est le premier producteur de la région avec 1 707 000 barils par jour, le Congo est classé second producteur avec 354 000 barils par jour, La Guinée Équatoriale troisième producteur avec 206 000 barils par jour, le Gabon quatrième producteur avec 198 000 barils par jour, le Tchad cinquième producteur avec 130 000 barils par jour, le Cameroun cinquième avec 81 000 barils par jour et enfin la République démocratique de Congo avec 19 000 barils par jour [Stéphane Bille, agence Eco fin, 2018].

Le graphique ci-après indique les réserves de pétrole brut des 5 pays États producteurs de pétrole de la CCEAC.

Graphique 2

Réserves de pétrole brut de 5 États de la CEEAC

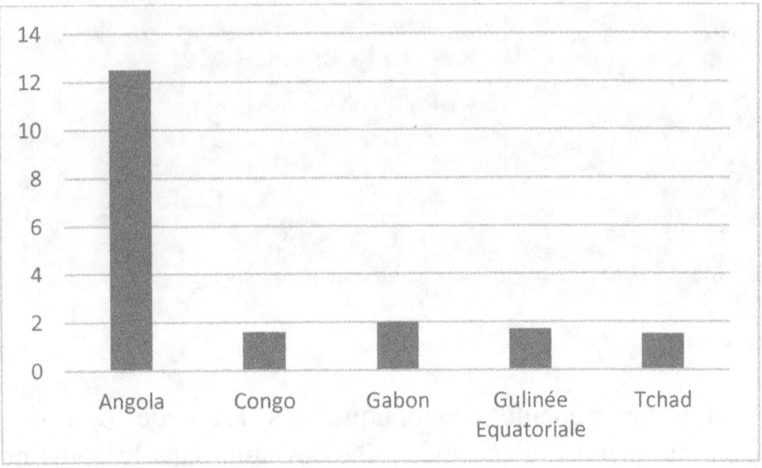

Source : British petrolium

Les réserves gazières prouvées en 2012 pour cinq pays de la CEEAC représentaient 6,3 % des réserves africaines.

L'Angola détient les 51,5 % des réserves totales, le Cameroun 22,5 %, le Congo 15 %, la Guinée Équatoriale 6 %, le Gabon 4,7 %.

Graphique 3

Réserves gazières prouvées en 2012 de la CEEAC

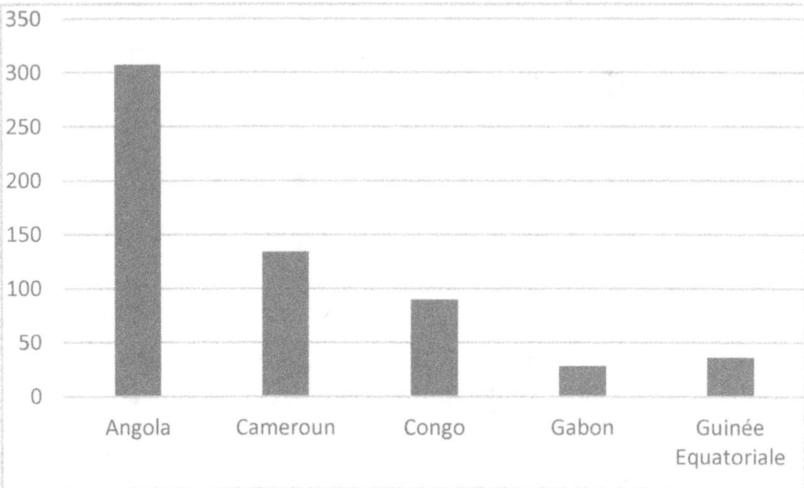

Source : Oil et Gas journal

Le flux solaire, autre source énergétique, varie entre 5 et 7,5 Kwh/m²/jour. Ce gisement est important en Angola, Cameroun, RCA et Tchad et est favorable à l'implantation de centrales solaires.

Autres richesses

Les minerais

Plusieurs ressources sont exploitées ou encore peu développées. La région est riche en fer, zinc, nickel, aluminium, cobalt, manganèse.

Graphique 4
Minerais (en %)

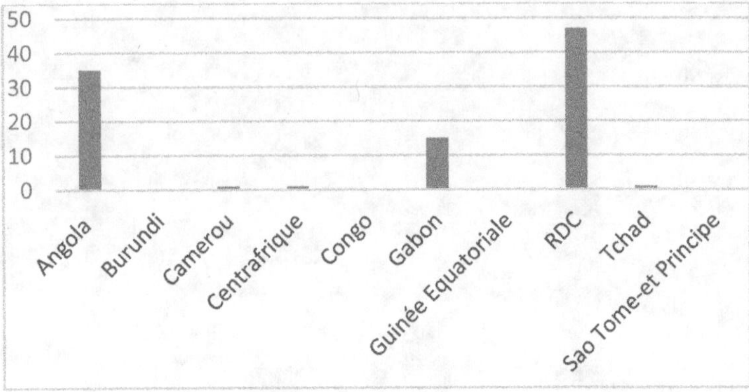

Source : CNUCED, Atelier régional et lancement de projet, N'djaména, Tchad 2015

Les secteurs miniers contribuent à hauteur de 53,2 % au PIB en moyenne pour les pays étudiés. Pour la Guinée Equatoriale, ce chiffre représente 78 % alors l'Angola bénéficie de 46 % du secteur dans son PIB. La Guinée Équatoriale et le Congo sont très dépendants des hydrocarbures et mines. Ceci témoigne de l'insuffisance de la diversification de leurs économies d'une part et la vulnérabilité à l'évolution des cours de ces matières premières d'autre part.

Le tableau 5 montre le secteur des ressources minières de la CEEAC.

T5 Secteur des ressources minières à la CEEAC

Pays	Contributions des hydrocarbures et des mines au PIB (%)	% Produits pétroliers et gaziers par rapport au chiffre global des exportations	Productions journalières (en milliards)	Réserves réelles (en milliards de barils)	Ratio R/P (nombres d'années)
Angola	46	95	1,807	11,6	17,5
Tchad	27	63	73	1,5	56,1
Congo	70	85	238	1,6	18,4
Guinée Équatoriale	78	98	280	1,1	10,7
Gabon	45	80	227	2	24,1

Sources : African Economic outlook, 2016
et BP Statistical of word Energy, 2017

Les exportations du pétrole et du gaz représentent en moyenne 84,2 % des exportations totales des cinq pays nommés, ce qui confirme la dépendance quasi totale à ces deux produits. Dans les exportations de l'Angola, le pétrole et le gaz représentaient 95 % pour les années étudiées et 98 % pour la Guinée Équatoriale.

Les ressources halieutiques

La pêche maritime est très développée dans la région.

T6. Productions halieutiques (en T en moyen par an)

Angola	Cameroun	Congo	République Démocratique du Congo	Sao Tomé et Principe	Guinée Équatoriale
177.403	55. 135	22.500	5000	3.5000	2500

Source : CNUCED, Atelier régional et lancement de projet,N'djaména, Tchad 2015

L'Angola à elle seule en produit les 67 % alors que la Guinée Equatoriale ne représente que 1 %.

L'économie verte de la CEEAC

La biodiversité de l'écosystème des pays du Bassin du Congo constitue un grand potentiel en termes d'opportunités économiques pour le développement de cette région. On y trouve toutes les espèces endémiques (faune et flore) et, dispose d'importantes ressources naturelles qui donnent une grande valeur à ces écosystèmes que partagent les six pays du Bassin du Congo qui sont le Cameroun, la Centrafrique, le Congo, le Gabon, la Guinée Équatoriale et la République Démocratique du Congo. Ce bassin forestier constitue le deuxième massif de forêt tropicale du monde, après la forêt amazonienne et abrite une des dernières réserves de biodiversité avec des espèces endémiques spécifiques à la région.

Les forêts d'Afrique centrale qui avec une superficie de 302 millions d'hectares [D-H Ndemazagoa, 2016] présentent un taux de dégradation relativement faible, permettant ainsi d'affirmer que cet espace forestier est encore intact, par analogie aux autres forêts de cette envergure dans le monde. Cependant la déforestation brute entre 1990 et 2000 et entre 2000 et 2020 est respectivement de 0,36 % et 0,42 % alors que la déforestation nette diminue et passe respectivement de 0,14 % à 0 , 03 %, ce qui montre que la déforestation nette va croissant [multilateral environmental Agreements (MEAs), 2016].

Malheureusement on assiste à une exploitation abusive de ce bassin forestier et épuise les ressources. La disparition importante des grands mammifères met en danger les espèces endémiques du Bassin du Congo.

Ces dernières années, les pays membres de la communauté ont pris conscience de l'impact des changements climatiques sur la stabilité des écosystèmes, la production agricole, la sécurité alimentaire et nutritionnelle, les activités économiques et la santé. Les pays membres ont adhéré à l'accord de Paris sur le climat, à l'Agenda 2030 des Nations unies et ont adopté le 17 mars 1999 à Yaoundé, au Cameroun, la déclaration sur la conservation durable des écosystèmes forestiers de l'Afrique centrale et ainsi que le plan de convergence signé et adopté en 2005 à Brazzaville, au Congo. Un fonds pour l'économie verte en Afrique centrale a été créé et la République Démocratique du Congo a promis 3 millions de dollars. Pour gérer l'économie verte, la commission des forêts d'Afrique centrale (COMIFAC) a été créée par un traité relatif à la conservation et à la gestion durable des écosystèmes d'Afrique centrale à Brazzaville, au Congo en 2005. Cette commission travaille en partenariat avec le fonds pour l'environnement mondial (FEM) qui finance les actions depuis 2015 et pour une durée de cinq ans, un projet régional visant à mettre en place des mécanismes financiers durables pour les aires protégées tant au niveau local, national que régional.

La pauvreté ou le syndrome hollandais en Afrique centrale

Le syndrome hollandais ou l'abondance en ressources naturelles comme malédiction. En effet, les économies abondamment dotées en ressources naturelles tendent à connaitre une croissance relativement plus faible par rapport aux économies qui en sont dépourvues. Jeffrey Sachs et Andrew Wachers ont montré que les économies présentant de hauts ratios des exportations de ressources naturelles dans le PIB en 1971 tendent à avoir le plus faible taux de croissance [1995].

T7 Tableau comparatif des potentialités hydro-électriques du continent africain

Sous-région	Potentiel moyen (Gwh)	Production électrique (Mwh)	Consommation (Kwb /hab
Afrique du Nord	41000 (3,7 %	134 000 (33,2 %)	739
Afrique de l'Ouest	100790 (9,2 %)	38 033 (9,4 %)	143
Afrique Centrale	***653 361 (57,7)***	***10 537 (2,6 %)***	***109***
Afrique de l'Est	171 500 (15,6 %)	12 281 (3,1 %)	60
Afrique Australe	151 555 (13,8 %)	208 458 (51,7 %)	1617

Source : Ndemazagoa, D-A, 2016

Notre démarche est de montrer que malgré la disponibilité des pays de l'Afrique centrale en ressources naturelles, la pauvreté est plus développée dans cette région de l'Afrique.

Consommation en électricité

Le tableau 7 ci-dessus montre qu'avec un potentiel en énergie représentant 57,7 % de l'Afrique, la production de l'Afrique centrale ne représente que 2,6 % de production électrique en Afrique.

L'indicateur de développement humain des pays de la CEEAC

L'analyse du classement de l'indicateur de développement humain en 2019, montre que les pays membres de la CEEAC sont relativement mal classés au niveau mondial et africain. Aucun pays de la région n'est situé dans la catégorie « très élevé ». Le Gabon est le premier pays de la Communauté qui appartient à la catégorie « élevé », mais est classé au niveau mondial 115e/189.

Cinq autres pays appartiennent à la catégorie «moyen» et par ordre : Sao Tomé-et-Principe, Congo, Guinée Équatoriale, Angola, Cameroun et sont classés respectivement au niveau mondial 137e, 138e ,144e, 149e 150e sur 189. Les cinq autres pays sont dans la catégorie « faible » : Rwanda, République Démocratique du Congo, Burundi, Tchad et la République centrafricaine dont les classements au niveau mondial sont respectivement les suivants : 157e ,179e, 185e, 187e et 188e sur 189 pays classés.

ENCADRÉ 2

I. D. H

L'indicateur de développement humain (IDH) a comme objectif de mesurer le niveau de développement des pays. Il ne tient pas que compte du produit intérieur brut (PIB), mais intègre des données plus qualitatives. C'est un indicateur composite ou synthétique de trois séries de données :

– La santé/longévité mesurées par l'espérance de vie à la naissance, qui permet de mesurer indirectement la satisfaction des besoins matériels essentiels tels que l'accès à une alimentation saine, à l'eau potable, à un logement décent, à une bonne hygiène et aux soins médicaux.

– Le savoir ou niveau d'éducation. Il est mesuré par la durée moyenne de scolarisation pour les adultes de plus de 25 ans et la durée attendue de scolarisation pour les enfants d'âge scolaire. Il traduit la satisfaction des besoins immatériels tels que la capacité à participer aux prises de décision sur le lieu de travail ou dans la société.

– Le niveau de vie (logarithme du revenu brut par habitant en parité de pouvoir d'achat), afin d'englober les éléments de la qualité de vie qui ne sont pas décrits par les deux premiers indices tels que la mobilité ou l'accès à la culture.

L'IDH est calculé par le Programme des Nations Unies pour le Développement (PNUD). Il se présente comme un nombre sans unité compris entre 0 et 1. Plus l'IDH se rapproche de 1, plus le niveau de développement du pays est élevé. Le calcul de l'IDH permet l'établissement d'un classement annuel des pays.

Entre 2015 et 2017, l'IDH du monde a progressé, passant de 0,717 à 0,728.

Le classement du tableau 8 montre l'insuffisance des politiques de lutte contre la pauvreté et que la demande sociale n'est pas satisfaite.

T8 Classement 2018 des pays membres de la CEEAC selon l'IDH

Rang (Afrique)	Pays	Rang (Mondial)	Catégorie (IDH)
8	Gabon	115	Elevé
13	Sao Tomé-et-Principe	137	Moyen
14	Congo	138	Moyen
18	Guinée Équatoriale	144	Moyen
20	Angola	149	Moyen
21	Cameroun	150	Moyen
24	Rwanda	157	Faible
43	République Démocratique du Congo	179	Faible
49	Burundi	185	Faible
51	Tchad	187	Faible
52	République centrafricaine	188	Faible

Source : PNUD

Dans une étude menée par la commission de l'union africaine/OCDE [2018], le rapport (qui a exclu l'Angola) a présenté quelques résultats sur les inégalités et la pauvreté en Afrique Centrale. Ainsi :

— Pour les pays de l'Afrique centrale, les inégalités de revenu se situent en moyenne à 42 % entre 2000-08 et stagne entre 2019-16 au même niveau. Ce taux est le plus élevé du continent africain.

— Le taux de pauvreté. Selon l'UNICEF, le taux de pauvreté en Afrique centrale représentait 52 % et que 22 % des enfants de moins de cinq ans souffrent de malnutrition [UNICEF, Boyer, 2015]. En 2014, le taux de pauvreté au

Burundi était de 64,6 %, 37,5 % au Cameroun. En 2011, au Congo le taux de pauvreté était de 46,5 % et 46, 7 % au Tchad. En 2005, le taux de pauvreté au Gabon représentait 32,7 %, le taux le plus bas de la région, alors qu'en 2006, le taux de pauvreté en Guinée Equatoriale représentait 76,8 %, chiffre le plus élevé. La République centrafricaine, la RDC et Sao Tomé-et-Principe avaient respectivement 62 % en 2008, 69,3 % en 2008 et 66,2 % en 2010.

ENCADRÉ 3
Indice de Gini/Coefficient de Gini

L'indice (ou coefficient) de Gini est un indicateur synthétique permettant de rendre compte du niveau d'inégalité pour une variable et sur une population donnée. Il varie entre 0 (égalité parfaite) et 1 (inégalité extrême). Entre 0 et 1, l'inégalité est d'autant plus forte que l'indice de Gini est élevé.

Il est égal à 0 dans une situation d'égalité parfaite où la variable prend une valeur identique sur l'ensemble de la population. À l'autre extrême, il est égal à 1 dans la situation la plus inégalitaire possible, où la valeur vaut 0 sur toute la population à l'exception d'un seul individu.

Ces inégalités ainsi mesurées peuvent porter sur des variables de revenus, de salaires, de niveau de vie etc.

Source : INSEE

Indicateurs d'éducation

Ainsi la moyenne de taux de scolarisation primaire dans la région est de 67,1 % entre 1999-2015. Ce taux cache une disparité entre les pays, ainsi) Les inégalités d'opportunités sont perceptibles à travers la scolarisation. Au Congo, ce taux est de 35,8 % le plus bas de la région

T9 Indicateurs d'éducation

	Burundi	Cameroun	Congo	Gabon	Guinée Equatoriale	RCA	RDC	Sao tomé-et-Principe	Tchad	Afrique Centrale
Taux de scolarisation primaire	71.3	87.9	35.8	-	60.5	60.4	72.8	94.1	58.5	67.1
Taux de scolarisation secondaire	19.4	41.6	-	-	22.7	12.7	-	41.1	8.6	25.3
Part des filles au primaire	69.2	85.4	34.4	-	58.3	51.5	73.8	92.9	48.2	63.5
Part des filles au secondaire	18.5	38.8	-	-	15.4	9.0	-	43.4	4.3	22.2

Source : Banque mondiale, 2017

— La scolarisation des filles est plus faible, la moyenne régionale est de 25,3 % dans le primaire contre une moyenne de 67 % pour la population à l'âge d'aller à l'école.

CHAPITRE 4

L'INTÉGRATION ÉCONOMIQUE EN AFRIQUE CENTRALE DANS LE CADRE DE L'UNION AFRICAINE

Nous allons présenter l'intégration dans la région et un aperçu du bilan en utilisant l'outil de l'intégration qui est l'indice d'intégration régional.

Approches sur l'intégration régionale

L'intégration régionale peut être définie comme « un processus » affirme Béla Balassa dont les travaux se sont imposés dans ce domaine [1961]. Dans ce sens, l'intégration régionale tend vers la création d'un espace économique sans barrières qui favorisent les échanges entre les pays membres, un des objectifs majeurs de l'intégration.

L'intégration peut aussi être « la convergence politique, économique et sociale d'un ensemble de pays, conscients des limites des politiques nationales et désirant optimiser leurs chances de développement » [Sayabou Laoul et autres, 2011]. Cette définition est proche de l'intégration par les règles et les institutions qui contraint aux respects de certaines normes qui s'imposent aux membres, tels que le respect d'un niveau de variables macro-économiques ou avoir un passeport ou un permis de conduire unique. Ici l'intégration tend à amener les pays vers un même niveau de développement et mutualiser les risques macroéconomiques exogènes. Les pays relativement développés peuvent entrainer ceux qui sont à la traine. C'est le cas de l'Union européenne qui a favorisé le développement des pays comme l'Espagne, le Portugal et l'Irlande. Le niveau d'interdépendance entre les États membres peut être accéléré.

Sur le plan de la doctrine libérale ou l'intégration par les marchés, l'intégration favorise les échanges de biens et des facteurs de production.

La construction des communautés économiques régionales s'est développée rapidement grâce aux orientations stratégiques de l'union africaine. En 1980, le plan d'action de Lagos va proposer à l'Afrique de s'engager dans la voie du développement durable. Le moyen est donc l'intégration, c'est ainsi que le 3 juin 1991 à Abuja, au Nigéria, le traité sur la communauté économique africaine va ouvrir le continent sur la voie de l'intégration économique. Le processus commence par la mise en place de la communauté économique africaine définie en trois étapes, par le Traité d'Abuja, entré en vigueur en 1994 et est divisé en six phases et s'étalent sur 34 ans. Elle doit s'achever par la construction d'une union économique et monétaire commune.

Les trois premières phases sont consacrées à la consolidation et la dynamisation d'intégration au niveau des communautés économiques régionales (CER) avec à terme, la mise en place des unions douanières. La première étape devrait permettre l'établissement de l'union douanière continentale et les deux dernières la mise en place du marché commun africain avec la création de l'union économique et monétaire africaine. En 2001, le processus s'est accéléré avec la création de l'union africaine (UA) et du nouveau partenariat pour le développement de l'Afrique (NEPAD).

La construction d'une zone de libre-échange continentale en 2018 va certainement provoquer un regain d'intérêt pour le renforcement et le développement des politiques d'intégration, une voie quasi certaine vers le développement intégré des économies africaines.

On peut énumérer les cinq formes d'intégration économique régionale : la zone de libre-échange, l'union douanière, le marché commun, l'union monétaire et l'union économique et monétaire. Ces différentes formes représentent des degrés croissants d'intégration et la coordination de politiques économique et monétaire. L'accord de libre-échange, forme la plus simple n'est que la libéralisation du commerce entre les pays membres, alors que l'union économique et monétaire est la forme achevée de l'intégration qui est passée par les étapes de la libéralisation du commerce intra-communautaire, la création d'une union douanière avec l'adoption d'un tarif extérieur commun, la libre circulation des facteurs de production (main d'œuvre et capital), l'adoption d'une monnaie commune et l'harmonisation des politiques économiques.

Les avantages d'une intégration économique régionale sont nombreux et nous nous contenterons d'énumérer certains. Fondamentalement, son objet est d'intensifier les échanges commerciaux et approfondir la spécialisation des économies des pays membres.

L'intégration régionale stimule l'essor des marchés nationaux, fait accroitre les flux commerciaux et d'investissements, elle atténue les différences institutionnelles et infrastructurelles et stimule une transformation structurelle susceptible de favoriser un développement équitable et durable au profit des États membres.

Comme dit globalement la banque africaine de développement (BAD), « une Afrique sans frontières constitue le fondement d'un marché continental concurrentiel qui pourrait devenir un centre d'affaires au plan international. Elle permettrait une production agricole et industrielle par-delà les frontières nationales et offrirait donc des économies d'échelles aux investisseurs, tout en créant des marchés beaucoup plus vastes et en donnant de nouvelles opportunités aux petites et grandes entreprises. Bien plus encore, l'intégration régionale peut améliorer la sécurité régionale, car l'expansion du commerce international est souvent corrélée à un niveau de conflits réduit » [Perspectives économiques en Afrique, 2019]

Aperçu du bilan de l'intégration régionale en Afrique centrale

Le bilan de la communauté économique des Etats de l'Afrique centrale (CEEAC) est affecté par de nombreux conflits qui l'ont amené à suspendre ses activités entre 1992 et 1998 intervalle appelée « période d'hibernation de la CEEAC ». Depuis 2000, le Burundi, le Cameroun, la République centrafricaine, la RDC et le Tchad ont connu ou connaissent encore des conflits internes ou transfrontaliers.

Le modèle d'intégration choisi comme la plupart des zones est celui de l'intégration par le marché et celle des institutions.

Le bilan va concerner le développement de la commercialisation et des échanges, la libre circulation des biens, des services et des personnes, la construction des infrastructures et l'intégration financière et macroéconomique.

L'union africaine (UA), la banque africaine de développement (BAD) et la commission économique des Nations unies pour l'Afrique (CEA) ont créé l'indice africain d'intégration régionale, qui offre une vision transnationale et pluridimensionnelle de l'intégration. Nous présentons dans le tableau ci-dessous les scores de la CEEAC et la CEDEAO et la moyenne africaine.

T10 Performance d'intégration régionale en Afrique suivant l'indice d'intégration régionale, 2016

	Intégration commerciale	Infrastructures régionales	Intégration productive	Libre circulation des personnes	Intégration financière et macro-économique
CEEAC	**0,526**	**0,451**	**0,293**	**0,4**	**0,599**
CEDEAO	**0,442**	**0,426**	**0,265**	**0,8**	**0,611**
Moyenne des CER Afrique	**0,54**	**0,461**	**0,384**	**0,517**	**0,381**

Source : UA, BAD, CEA, 2016

— *L'intégration commerciale* : La libre circulation des biens détermine la croissance des échanges. Les agents économiques doivent profiter de cette liberté pour faciliter le développement des flux commerciaux. En Afrique, les biens et les personnes circulent difficilement par manque d'infrastructures et les obstacles non tarifaires.

— *Les infrastructures* : Le développement des infrastructures transrégionales est l'élément visible de l'intégration régionale. Les autoroutes traversent les frontières, les liaisons aériennes relient les capitales et l'itinérance mobile est de plus en plus utilisée tant en ville que dans les campagnes. Les innombrables échanges réalisés par les voies routières, aériennes impactent positivement sur l'effort de l'intégration régionale et contribue à développer et à abaisser les prix des biens et services et accélère le processus de l'intégration régionale de l'Afrique. Le développement des infrastructures doit favoriser les pays continentaux sans littoral et booster leur développement.

— *L'intégration productive*. L'augmentation de la production et de la productivité est déterminante pour la réussite économique de l'Afrique. En développant les chaines de valeurs régionales, les pays africains s'intègrent aux chaines des valeurs mondiales pour promouvoir une économique diversifiée et plus résiliente. Cette situation favorise l'augmentation du pouvoir d'achat, donc le niveau de vie des africains et développe les biens intermédiaires nécessaires à la production des biens finis.

— *La libre circulation des personnes*. Les déplacements transfrontaliers constituent non seulement un atout pour la croissance économique et le développement des compétences, mais un puissant moteur de compétitivité. La circulation des personnes est bénéfique pour les pays qui ouvrent leurs frontières et à ceux dont les ressortissants voyagent. Pour de nombreux pays africains, les migrations permettent de pallier les déficits de compétences et de changer les idées, ce qui constitue à une expansion de l'entreprenariat et de l'innovation par-delà les frontières.

— *L'intégration financière et macro-économique*. En effet, la circulation du capital impacte positivement sur les investissements. Lorsque les coûts de transaction sont faibles, les entreprises en bénéficient pour investir. En outre, l'intégration financière favorise les transferts de connaissances, de technologies et de l'innovation.

Le bilan sur l'intégration africaine à partir des indices fait en 2016 a montré que 28 pays sont considérés comme les plus intégrés des huit communautés économiques régionales retenues dans l'indice. Dix-neuf autres pays sont considérés globalement intégrés [Lopes Carlos, 2016].

La performance en termes de degré d'intégration reste globalement insuffisante pour la communauté économique des Etats de l'Afrique centrale (CEEAC) et explique les mauvais résultats en termes d'intégration qui seront présentés ci-dessous :

L'intégration commerciale et la libre circulation des personnes sont légèrement moyennes au classement des Nations unies. La situation est très défavorable pour les infrastructures régionales, l'intégration productive et l'intégration financière et macro-économique.

La circulation libre des marchandises dans la sous-région a une grande importance, car elle concourt à satisfaire les consommations par le développement la concurrence qui a son tour contribue à l'augmentation des revenus et au développement de la région.

L'intégration commerciale

Pour la CEEAC, elle obtient 0,526 /1, soit légèrement au-dessus de la moyenne, mais au- dessous de la moyenne africaine. En comparaison entre les pays des membres de la communauté, le Cameroun a un score de 0, 980 très proche de l'unité suivi de l'Angola avec 0,964, le Gabon 0,783, le Tchad 0,747, le Rwanda 0, 569 et la RCA 0,517. Ces pays ont réalisé une performance relativement élevée en matière d'intégration commerciale. Les autres pays sont nettement en dessous de la moyenne variant entre 0,355 pour la Guinée Equatoriale et Sao Tomé -et- Principe avec 0,001.

En 2016, la part des pays de la CEEAC représentait en valeur 0, 8 milliard de dollars des flux intra régionaux des communautés économiques régionales en

Afrique, soit le dernier au classement. Le leadership revient à la SADC, avec 34,7 milliards de dollars, suivie de CEND-SAD avec 18,7 milliards et la CEDEAO avec 11,4 milliards.

Pour la même période, le niveau d'intégration de la CEEAC dans les échanges intra régionaux des communautés économiques régionales dans le commerce total en Afrique représentait 17,7 % et se classe en dernière position, 84 % dans la SADC, 59,5 % dans la COMESA, 58,4 % dans la CEN-SAD, 56,7 % dans la CEDEAO, 51,8 % dans l'UMA, 49, % dans l'IGAD, 48,3 % dans la CEA.

Graphique 6

Échanges intra régionaux des communautés économiques régionales en Afrique (en milliards de dollars) en 2016

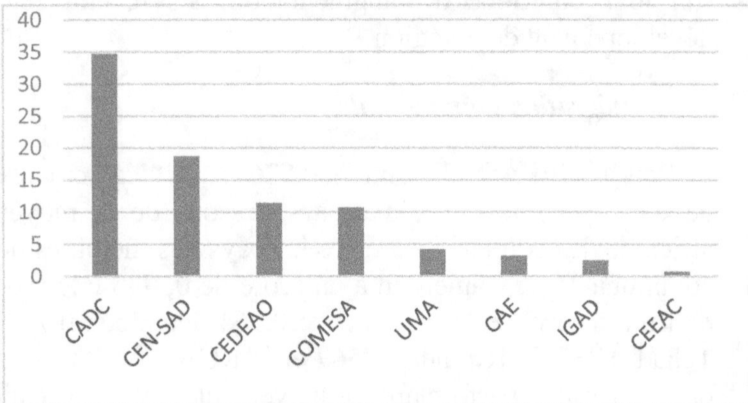

Source : UNCTAD, 2019

Pendant la période 2015-2017, aucun pays de la CEEAC ne se situait parmi les dix premiers pays exportateurs intra-africains. Par contre, parmi les dix pays dont la part est la plus faible se situent la Guinée Équatoriale avec 3,5 % et se classant septième et le Tchad avec 0,2 % se classant dixième.

Graphique 7

Commerce intra régional de la CEEAC

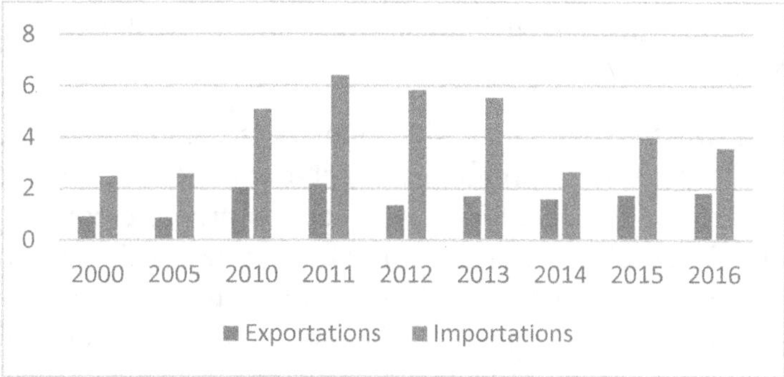

Source : UNCTAD, CUNCED

Les exportations intra-communautaires des pays membres de la CEEAC sont nettement faibles. Elles représentaient 1,1 % en 2010 et ont évolué difficilement pour atteindre 2 % en 2015. Elles ont même régressé de 12 % en 1995 et de 7 % en 2000. En 2016, le flux d'exportations était à peine 3 %.

Les importations ont évolué en dents de scie. Entre 2000 et 2006, la progression était continue se situant entre 2,47 % et 3 % avec un pic de 4,95 % en 2017. L'évolution n'a jamais atteint 7 % et diminuait continuellement pour atteindre 3,58 % en 2016.

Les produits qui font objet des échanges sont constitués principalement par des céréales, en particulier le blé et le riz.

Les exportations se décomposent ainsi : le sucre et confiserie, huile et matières grasses animales/végétales qui représentent 60 %, les boissons 81 %.

Entre 1995 et 2010, le premier exportateur était le Cameroun avec plus de la moitié, suivi du Gabon avec 19 %, et le Congo (13 %). Les principaux importateurs sont la RDC avec 22 %, suivi du Gabon, du Congo et le Tchad.

Cette contreperformance peut s'expliquer en partie par une diversification insuffisante et une agriculture sous-développée

La structure des exportations montre la prédominance des produits pétroliers et miniers (T5) et leur importance dans la contribution au PIB alors que le secteur primaire contribue moins à la croissance. L'industrie est portée par l'extraction des matières premières. C'est le cas du Congo, de la Guinée Équatoriale et du Tchad. Il n'existe pas des industries de transformations significatives des matières premières.

Cette situation a amené les pays à se détourner de l'agriculture, secteur pourtant créateur de valeur ajoutée. Sa contribution au produit intérieur brut est passée de 21 % en 1990 à 11 % en 2015 au profit du secteur industrie qui lui est passé de 34 % à 49 % dans la même période.

Des infrastructures routières et ferroviaires régionales non développées

En 2013, un bilan sévère a été fait par la CEEAC sur les infrastructures de la région. On notait déjà l'insuffisance des routes revêtues qui représentaient 25 km de routes goudronnées sur1000 km de terres arables contre une moyenne de 100 km dans le reste de l'Afrique subsaharienne, avec des coûts de transport très élevés. Cette dégradation a des conséquences sur le secteur agricole et éloigne les producteurs des zones rurales et des consommateurs des zones urbaines.

Dans le tableau 10 sur les performances de l'indice d'intégration plus haut, la communauté économique des États de l'Afrique centrale a le chiffre de 0,451/1 pour une moyenne africaine de 0,461/1. Deux pays sont au-dessus de la moyenne : Le Congo 0,687 et l'Angola 0, 659. L'analyse affinée de ce score faite par commission économique des Nations unies pour l'Afrique en 2016, montre l'insuffisance des infrastructures en Afrique centrale par rapport aux autres CER. Ainsi en 2015, le réseau routier dont dispose l'Afrique centrale était de 141287 km avec 11246 km de routes transafricaines dont 3891 km de tronçons bitumés soit 65 % de maillon manquant. En Afrique de l'Ouest, sur 558 851km de routes, il existe 11652 km de routes transafricaines dont 10 581 km sont bitumés et le maillon manquant ne représente que 9 %. Le réseau routier entretenu est indispensable pour les déplacements des marchandises et contribue à la baisse les prix.

Le bilan fait en 2003 reste encore d'actualité, parce qu'en 2020 on constate que « malgré d'importants progrès enregistrés ces dernières années, l'Afrique centrale arrive toujours grande dernière au classement des pays africains les mieux équipés en infrastructures routières (à peine 8 % du réseau total). Même résultat en ce qui concerne le bitumage des routes : seulement 2,2 % des axes routiers sont goudronnés dans la sous-région » [Financial Af rik, 17 janvier, 2020].

Libre circulation des personnes

L'indice de libre circulation des personnes est de 0,4 /1 pour la CEEAC contre une moyenne africaine de 0,517/1 et 0,8/1 pour la CEDEAO.

Pour l'analyse par pays, la libre circulation des personnes est plus fluide à Sao Tomé-et-Principe avec un score de 0,7/1, la RCA 0, 66/1 et le Congo avec un chiffre de 0,520/1. Les pays les moins hospitaliers sont le Cameroun (0,45), le Tchad (0,45), le Rwanda (0,378), Gabon et la Guinée Équatoriale (0,35).

Au niveau africain et sur un classement de 54 pays en 2016, pour leur ouverture relative aux visas en Afrique, le premier pays de la CEEAC qui est mieux ouvert arrive en 9e position (Rwanda).

Et pourtant, le protocole VII au traité du 18 octobre 1983 instituant la CEEAC, relatif à la libre circulation et au droit d'établissement des ressortissants des États membres a été bien annexé au traité et la décision de la libre circulation des personnes a été prise à l'issue de la conférence des chefs d'État et de gouvernement tenue à Kigali au Rwanda. « La libre circulation des personnes et des biens sur le terrain est sans cesse remise aux calendes grecques. Exemple, les mouvements de populations entre le Tchad, l'Angola, le Gabon ou le Rwanda sont insignifiants » [Dimitri Friedman, 2018].

Intégration productive

L'intégration productive pose la problématique de l'intégration de la communauté économique des États de l'Afrique centrale à l'économie mondiale. Elle doit s'insérer dans le système de production mondiale en intégrant la nouvelle division internationale du travail (NDIT) basée sur les exportations des biens manufacturés ou semi-manufacturés pour bénéficier pleinement des chaînes de valeur mondiales. Or, l'analyse des exportations des pays de la sous-région montre la prédominance des produits primaires extractives (pétrole, minerais...) sans valeur ajoutée importante et se maintient par conséquent dans l'ancienne division internationale du travail (ADIT). Ces produits restent vulnérables aux chocs exogènes. En outre, le système de production a également évolué et l'industrie est devenue globale. Ce qui signifie que les firmes exportatrices ne prennent plus en charge qu'un seul ou quelques segments ou quelques segments de chaînes de valeur. L'insertion dans ces chaines de valeur mondiales (CVM) est ainsi devenue le modèle d'industrialisation qui semble s'imposer [Arielle Ndiaye, 2015].

ENCADRÉ 4

Qu'est-ce qu'une chaîne de valeur mondiale ?

Une chaîne de valeur représente l'ensemble des activités menées par les entreprises pour amener un produit ou un service de sa conception à son utilisation finale par le consommateur final. À chaque étape de la chaîne, de la valeur est ajoutée sous une forme ou une autre. Sous l'effet de la délocalisation et de l'inter connectivité croissante, les activités qui forment les chaînes de nombreux produits et services sont de plus en plus fragmentées sur le globe et entre les entreprises. Diverses tâches tout au long de la chaîne de production peuvent être réalisées dans les endroits distants, en fonction des avantages comparatifs respectifs des différents pays. Le processus de production interconnecté que traversent les biens et services depuis la conception et le design jusqu'à la fabrication, au marketing et à la commercialisation est souvent appelé chaîne de valeur mondiale ou réseau de production internationale.

Chaque étape offre, à des degrés divers, des opportunités de création, au niveau local, d'activités, d'emplois et de bénéfices pour les entreprises, lesquels induisent des compétences, des technologies et des recettes publiques, sous forme de taxes. Une intégration réussie dans une chaine de valeur peut permettre à un pays de bénéficier d'une plus grande part de ces avantages et d'accélérer son processus d'industrialisation.

***Source* : *Les chaines de valeur mondiales et l'industrialisation de l'Afrique. Perspectives économiques en Afrique 2014,* Groupe de la Banque Africaine de Développement**

Le tableau 11, ci-dessous montre que la valeur ajoutée de la région ramenée à la valeur ajoutée mondiale ne représente que 7 % d'une part, et que la capacité d'exportation des produits manufacturés est très faible d'autre part. La valeur ajoutée mondiale par rapport au PIB représente 7,42 % pour la CEEAC contre 10,37 % pour l'Afrique.

L'intégration efficiente de la mondialisation reste un défi et une opportunité pour les pays membres de la CEEAC, si elle veut créer les conditions de développer les emplois et lutter durablement contre la pauvreté.

T11 Quelques indicateurs nécessaires pour la chaîne de valeur

Indicateur	Part des produits de moyenne ou haute technologies dans la VAM	Capacité d'exportation des produits manufacturés	VAM en % du PIB en dollars constants de 2010
Angola	12	1,42	5,5
Burundi	2	0,91	13
Cameroun	1	1,91	17,6
Centrafrique	1	0,31	10
Congo	5	1,08	7
Gabon	4	2,56	6, 7
Guinée Équatoriale	1	1,28	2,4
RD Congo	8	1,34	7
Sao Tomé-et Principe	1	0,28	7,7
Tchad	4	0,01	4,8
CEEAC	7	2,18	7,42

Source : Jules Rommel TOUKA, 2016

Le principal défi à relever est la transformation des produits provenant des immenses richesses naturelles, afin de créer une valeur ajoutée importante en passant ainsi, d'une économie de rente à une économie industrialisée exportatrice des produits manufacturés.

L'opportunité est le marché mondial qui constitue le débouché idéal sans frontière, mais à condition de produire dans des conditions efficientes. Les chaines de valeur mondiales offrent des opportunités de transformation structurelles de l'Afrique.

L'intégration financière et macro-économique

Les marchés et les organismes financiers, lorsqu'ils sont développés contribuent efficacement au financement des économies nationales, donc à la croissance économique. C'est un lieu qui permet de mobiliser les ressources nationales, mais également internationales au service du développement économique. La banque africaine du développement a montré dans une étude, une relation positive entre le développement du secteur financier, la croissance économique et la réduction de la pauvreté [BAD, 2010].

Dans le cadre de l'intégration régionale, les communautés économiques ont tendance à créer des marchés de capitaux régionaux. L'objectif est de constituer de grands ensembles financiers pour mieux faire face à la mondialisation financière et, constituer un vecteur attirant les investissements directs étrangers (IDE) ou de portefeuille.

Le niveau atteint par les bourses régionales reste insuffisant, ce qui nécessite des réformes afin d'avoir des structures optimales.

T12 Bourses en Afrique Centrale

Place boursière	Capitalisation boursière en % du PIB
CEMAC	0,15
UEMOA	2,46
Ghana	5, 66
Ouganda	7,21
Tanzanie	4,74
Rwanda	12,01
Zambie	6,18
Afrique du Sud	130,26
Tunisie	5,70
Maroc	19,23

Source : Ngbwa (J-C, 2019)

Une étude faite par la banque africaine du développement (BAD) conclut à des constats très négatifs. Ainsi, la taille totale des trois systèmes financiers, mesurée par le ratio M2/PIB reste restreinte : La moyenne étant de 47 % pour le Marché commun des États de l'Afrique de l'est et de l'Afrique australe, 29 % pour l'union du Maghreb arabe (UMA) et 15 % pour la communauté économique des États de l'Afrique centrale (CEEAC). Le développement financier, mesuré par le ratio crédit au secteur privé/ PIB, est également faible, avec une moyenne de 21 % pour la COMESA, 32 % pour l'UMA et 8 % pour la CEEAC.

La fragilité du système financier constitue un obstacle au financement de l'économie. Au contraire, la solidité d'un système financier régional procure des avantages substantiels : baisse du coût du capital, une meilleure diversification du risque au niveau régional, le transfert managérial et technologique dans le domaine financier. Ceci stimule l'investissement et la croissance économique [S.Beji et A.Oueslati, 2013].

Au sein de la région de la CEEAC, on note trois bourses financières qui n'ont pas atteint la maturité et restent fragiles, même si quelques efforts sont faits. Il s'agit de :

— **les bourses de la CEMAC** (communauté économique et monétaire de l'Afrique centrale). En 2001 a été créée à Douala au Cameroun *la Douala Stock Exchange* (DSX) et en 2003 la *Bourse des Valeurs Mobilières* (BVMAC) à Libreville, au Gabon. Jean Claude Ngbwa a énuméré les obstacles au développement des deux marchés financiers : Manque d'intégration du marché avec deux régulateurs, deux marchés centraux, deux banques de règlement et trois dépositaires centraux ; la complexité et le manque de clarté de l'écosystème ; la présence de la double tarification des commissions et la présence de deux fiscalités. En outre, le marché financier a été créé alors que les économies des pays de la CEMAC étaient en restructuration ; les conditions pour une confiance indispensable au fonctionnement normal d'un marché financier n'étaient pas réunies avant l'atteinte de leur point d'achèvement.

Cette situation a amené la conférence des chefs d'État et de gouvernement de la CEMAC tenue à N'Djamena, au Tchad, le 31 octobre 2017 à prendre la décision d'unification des deux bourses. Celle-ci est devenue effective le 4 juillet 2019 et a pris le nom de la bourse des valeurs mobilières de l'Afrique centrale (BVMAC).

En mai 2019, seules 4 sociétés du secteur agro-industrie ont été cotées à la BVMAC. Sa capitalisation boursière ne représente que 0,15 % du PIB.

— **La bourse de Rwanda** a été constituée en 2007, mais créée officiellement le 31 janvier 2011 au moment de l'introduction en bourse de la Bralirwa (brasserie), la première société nationale. La première cotation a bénéficié d'un taux de souscription de 240 %. Le 1er septembre de la même année, la banque de Kigali a rejoint la bourse, ainsi que d'autres entreprises nationales. Mais auparavant, il existait une structure de transactions de gré à gré appelé *le Rwanda Over the Counter Exchange* créée en 2008.

En octobre 2019 un bilan satisfaisant a été fait par les autorités de la bourse :

— Capitalisation boursière : 3,4 milliards de dollars ;

— 8 sociétés cotées et 152, 2 milliards de rwf ont été levés en introduction en bourse et 502,7 milliards de rwf ont été levés en instruments de dette ;

— 23 obligations en circulation ;

— Des actions d'une valeur de 222,4 milliards de francs suisses négociées entre 2011 et octobre 2019 ;

— La capitalisation boursière représente 12,01 % du PIB.

— La bourse de l'Angola a été créée récemment parce que, sa naissance remonte en décembre 2014. Six mois après sa création, au mois de mai 2015, le volume de rotation des titres obligataires avait atteint 47 millions de dollars et en juin de la même année, le volume de transactions de la bourse des valeurs obligataires et mobilières, 197, 5 millions de dollars.

Les bourses de valeurs étudiées, même si celles de Kigali et de Luanda fonctionnent normalement, celle de la CEMAC est en voie de restructuration. Elles ne jouent pas pleinement le rôle de mobilisation de capitaux au service du développement économique et social de la sous-région. La problématique d'une intégration financière devient une réalité. C'est une nécessité pour la région d'élargir ses sources de financement notamment, pour des grands projets intégrateurs et des infrastructures économiques qui nécessitent des capitaux à moyen et à long terme. La création d'une bourse de valeurs de la CEEAC est subordonnée à plusieurs conditions :

— réformer le secteur financier national ;

— opérer le suivi d'une politique macro-économique saine assurant la stabilité économique (politique fiscale, politique monétaire, et politique de change) ;

— renforcer la régulation financière, la supervision et la surveillance prudentielle du système financier etc.

CHAPITRE 5

NÉCESSITÉ D'UNE UNION MONÉTAIRE POUR LA CEEAC : UN DÉFI POUR L'AFRIQUE CENTRALE

La création d'une union monétaire de la CEEAC reste la prérogative politique exclusive des chefs d'État et de gouvernement de cette communauté. Dans le traité révisé du CEEAC, la création d'une union monétaire est l'un des objectifs.

Sur le plan économique, les convergences des politiques macro-économiques des pays membres constituent la condition de la création de la monnaie selon la littérature dominante, même si ce point est encore controversé pour certains économistes.

L'union monétaire consacre l'intégration totale des pays de l'Afrique centrale avec une politique monétaire commune et une seule banque centrale.

Aujourd'hui, les pays de la CEEAC disposent de six monnaies différentes. Les six pays de la CEMAC ont une monnaie unique qui est le FCFA. L'Angola utilise le Kwanza ; le Burundi, le Franc burundais ; la RDC, le Franc congolais ; le Rwanda, Franc rwandais ; Saô-Tomé-et-Principe ; le Dobra. Dans le cadre d'une union monétaire, toutes ces monnaies vont disparaitre au profit d'une monnaie unique.

L’approche théorique d’une union monétaire

L’économiste canadien Robert Mundell, prix Nobel de l’économie en 1999, est sans doute celui qui a durablement travaillé sur la théorie des zones monétaires optimales. Son article paru en 1961 « A Theory of optimum Currency Areas », à la suite de la fragilité du système monétaire international (SMI) l’a rendu célèbre. Il définit une zone monétaire optimale (ZMO) comme « la région géographique optimale pour une monnaie unique ou pour plusieurs monnaies dont les taux de change sont irrévocablement liés ». Pour lui une zone monétaire est optimale sous des conditions essentielles :

— Une meilleure mobilité des facteurs de production notamment le travail. La libre circulation du travail pour permettre de résoudre le problème de main-d’œuvre et de chômage dans la zone, le pays déficitaire en travail pourrait en être fourni par le pays excédentaire avec la flexibilité des salaires et des prix. Les pays concernés doivent jouir d’une bonne flexibilité nominale et enfin ceux-ci doivent partager les mêmes cycles économiques et avoir des vitesses similaires d’ajustement aux chocs ;

— Le degré d’ouverture de l’économie permet la sensibilité aux chocs et moins la monnaie sera stable. Dès lors, les économies ouvertes ont davantage intérêt à participer à une union monétaire ;

— La diversification de la production et de la consommation réduit les risques d’être affecté par un choc spécifique et l’impact de ces chocs sera moindre ;

— La similarité des taux d’inflation qui favorise les balances commerciales stables et équilibrées entre les différentes régions qui composent l’union monétaire ;

— L’intégration budgétaire : une zone monétaire optimale requiert des mécanismes de transfert vers les régions touchées par un choc asymétrique ;

Pour Mc Kinnon [1963], une union monétaire est optimale si elle permet d'atteindre le plein emploi, la stabilité des prix et l'équilibre des comptes extérieurs. Il ajoute le critère de l'ouverture commerciale. Selon lui, pour une élasticité donnée des flux commerciaux aux variations des prix des biens échangés, une plus forte ouverture commerciale diminue la variation du taux de change nominal requise pour assurer l'équilibre externe et renforce l'impact des variations de change sur l'inflation domestique, ce qui nuit à la stabilité de l'équilibre interne. Ces effets renforcent l'attractivité d'un régime de change fixe pour les pays fortement ouverts et attachés à la stabilité des prix.

L'approche dite d'« endogénéité des critères de ZMO », de Jeffrey Frankel et Andrew Rose [1998] Frankel [1999] et Rose [2000] constitue une modification de la nature et du rôle des critères d'optimalité. Dans l'approche classique des zones monétaires optimales, les critères de mobilité de travail, d'ouverture d'intégration fiscale, et autres sont exogènes, et caractéristiques des pays de la zone (ou plus généralement, des sous-régions de la région dont on cherche à déterminer l'optimalité monétaire).

Dans l'approche endogène des zones monétaires optimales, le fait qu'une zone monétaire existe rend automatiquement celle-ci plus optimale. La conclusion est que l'unification monétaire n'est plus un but, auquel on accède après avoir satisfait aux critères, mais un moyen en soi de tendre vers l'optimalité. C'est cette opinion qui a prévalu à un moment donné au sein de l'Union européenne, pour qui la simple mise en place d'une union monétaire en Europe devrait créer des bases macro-économiques favorables à son maintien. Dans cette optique, la question de savoir si la zone euro était une ZMO avant, a été reléguée au second rang. [Laurentjoye (T), 2014].

Avantages et coûts de l'union monétaire

L'union monétaire procure des avantages économiques et financiers pour les nouveaux pays membres qui doivent supporter certains coûts qui restent inférieurs aux avantages.

Les avantages d'une union monétaire

Fondamentalement sans monnaie unique l'intégration en Afrique centrale serait inachevée. Elle permettra de :

— Résoudre collectivement les graves problèmes monétaires d'origine externe et de non convertibilité des monnaies et de change (déséquilibres de change),

— Développer les systèmes financiers nécessaires au financement des économies par la meilleure répartition des capitaux pour assurer la croissance économique,

ENCADRÉ 5
Avantages d'une union monétaire

— Une stabilité macroéconomique améliorée sur la base de la discipline budgétaire et la conduite de politique monétaire menée par la banque centrale supranationale indépendante.

— Une réduction importante des coûts de transaction à travers l'utilisation d'une monnaie unique.

— L'élimination d'une volatilité des taux de change et les risques associés.

— Une comparaison renforcée des prix des marchandises et des biens à travers les frontières.

— Un renforcement de la solidarité politique à travers une vision de prospérité partagée.

— Des marchés financiers profonds et élargis renforçant les mécanismes de transmission de la politique monétaire et la réduction des coûts des emprunts.

— Des économies des réserves de change puisque toutes les importations ne nécessitent pas l'usage des devises étrangères.

— Des gains commerciaux, à travers l'augmentation des échanges entre les pays et des flux d'investissement.

— Un accès à un marché plus large permettant aux industries

de faire des économies d'échelle en produisant à des niveaux d'efficience plus élevée grâce à l'intégration des marchés des biens et services.
— L'asymétrie des chocs, généralement due aux différences entre les produits d'exportation des États membres, pourrait être atténuée compte tenu de l'intégration de leurs économies.
— Le partage de la distribution des surplus de la Banque Centrale Commune.
— Les gains tirés de la mise en commun des ressources nécessaires à la réalisation des infrastructures économiques et sociales.

***Source* : Les institutions financières panafricaines, UA, 2017**

— développer les moyens de paiement pour les agents économiques,
— d'améliorer le niveau de vie des populations par l'augmentation de la demande et de la consommation stimulée par la concurrence ;
— d'éliminer les coûts de transactions qui évitent des tracasseries liées au taux de change ;
— de mutualiser des moyens pour résoudre des problèmes de déséquilibres financiers extérieurs ;
— de faciliter la pénétration des investissements directs étrangers (IDE) ;
— d'améliorer le niveau de vie par l'augmentation du pouvoir d'achat, donc de la demande...

Cependant, la monnaie unique dans une zone monétaire a également des coûts pour les pays membres.

Les coûts d'une union monétaire

Les coûts de l'intégration monétaire sont aussi nombreux dont les principaux peuvent être énoncés :

— Elle prive les pays membres de l'utilisation de l'instrument monétaire pour résoudre des problèmes liés à la compétitivité-prix, notamment la dévaluation compétitive ;

Encadré 6

Coûts d'une union monétaire

— La perte de souveraineté au profit d'un organe supranational dans la conduite de la politique monétaire et de change.

— La perte de capacité d'un pays d'utiliser les outils de la politique monétaire et du taux de change en réaction aux chocs économiques asymétriques.

— La contrainte dans la mise en œuvre de politique budgétaire au niveau national.

— Une politique monétaire et du taux de change régionale unique qui pourrait ne pas être convenable aux circonstances de chaque pays.

— En absence de mécanismes d'ajustement alternatif, une perte de compétitivité régionale et internationale au niveau national.

— Le risque de conflits d'objectifs entre la Banque centrale et les gouvernements des Etats membres en l'absence de politique budgétaire commune, la réduction des coûts des emprunts.

— La perte de revenus de seigneuriage spécifiques des pays.

— La perte de contrôle national sur les réserves en devise étrangère.

— Les coûts associés aux institutions régionales, tel que dans le domaine de la supervision bancaire.

— Les désaccords politiques sur la nature de politiques communes, la centralisation des pouvoirs et les contraintes sur l'autonomie nationale, et les coûts des flux financiers et de transferts.

— Quelques pertes de souveraineté politique au niveau national ainsi que la souveraineté économique.

***Source* : Les institutions financières panafricaines, UA, 2017**

Le pays membre d'une union monétaire perd sa souveraineté dans plusieurs domaines au profit des institutions supranationales de l'union en particulier :

— La conduite de la politique monétaire et de change ;

— La perte de gains de seigneuriage, ne pouvant plus frapper sa monnaie ;

— La perte de contrôle sur les devises étrangères ;

— La politique budgétaire comme instrument de politique de relance économique etc.

L'évolution récente des grandeurs macro-économiques des pays membres de la CEEAC

Nous allons rappeler dans cette partie du livre les performances macro-économiques des pays membres ces trois dernières années [BAD, 2019 et CEMAC, 2020]. Les chiffres de 2020 et 2021 ne seront plus les mêmes à cause de l'épidémie de coronavirus qui a commencé au début de l'année 2020 et qui va impacter évidemment les économies étudiées.

Angola : le pays étant un producteur du pétrole, la baisse drastique des prix de l'or noir a impacté sur la production. Ainsi le PIB a régressé de 0,2 % en 2017 et d'environ de 0,7 % en 218.

Les recettes fiscales ont diminué de plus de 50 % entre 2014 et 2017. L'assainissement budgétaire, par une meilleure mobilisation des recettes non pétrolières et la réduction des dépenses, a permis de ramener le déficit budgétaire à environ 2,8 % du PIB en 2018 contre 4,8 % en 2017.

La dette publique est passée de 40,6 % du PIB en 2014 à environ 80,5 % en 2018 du fait de la baisse drastique des recettes pétrolières.

Les déséquilibres extérieurs du pays ont entrainé une pénurie des devises. En janvier 2018, la banque centrale a adopté un régime de change plus flexible, avec un taux de dépréciation global de plus de 40 %.

L'inflation est passée de 31,7 % en 2017 à environ 21,1 % en 2018 en raison de la maitrise de la masse monétaire.

Avec la reprise de la montée des prix du pétrole, le déficit de la balance courante s'est stabilisé à 0,1 % du PIB en 2017 et 2018.

Les perspectives macro-économiques sont bonnes car l'Angola pourrait sortir de la récession en 2019 avec un taux de croissance du PIB réel de 1,2 % et de 3,2 % en 2020. Ceci principalement grâce à la production et l'exportation de diamant en hausse de 8,2 %, l'agriculture en hausse de 5 % et la construction qui croitrait de 2,1 %.

L'adoption d'un régime de change flottant en 2019 pourrait éliminer l'écart entre les taux de change du marché officiel et ceux du marché parallèle.

Burundi : Après une baisse à - 0,2 % en 2017, la croissance du PIB réel a atteint 1,4 % en 2018, grâce à l'augmentation de la production du café et du thé, au redressement du secteur de services (7,4 %) et aux performances du secteur des industries manufacturières et agroalimentaires (3,2 %).

En 2018, le solde budgétaire était d'environ - 8,8 % du PIB contre - 6,5 % du PIB en 2017 du fait d'une bonne mobilisation des recettes publiques. Au premier trimestre de 2018, les recettes imposables et non imposables représentaient 19,2 % supérieures à celles du premier trimestre de 2017, en raison d'une hausse de 28,3 % des recettes imposables dans le commerce intérieur et de 27,1 % pour les recettes extérieures. La hausse des dépenses publiques devrait se limiter à 4,6 % par rapport à l'année 2019 du fait de l'accroissement des recettes de l'État.

Dans la même année, la banque centrale poursuivait sa politique monétaire expansionniste commencée lors de la crise politique de 2015, avec une inflation d'environ 12,7 %, principalement du fait d'une hausse des prix de l'alimentation. En octobre 2018, le taux de change officiel était de 1,795 francs burundais par rapport au dollar américain contre 1,670 en octobre 2015, soit une dépréciation de 3,5 %. Le marché parallèle subissait de plus en plus de pression avec un taux de change de 2,710 francs burundais en octobre 2018.

Le déficit de la balance courante a baissé légèrement en 2018 pour atteindre 10,4 % du PIB par rapport aux 11,6 % de 2017.

La croissance économique devrait continuer à un rythme plus lent : 0,4 % en 2019 et 1,2 % en 2020 du fait de la faible production agricole. Elle reposerait principalement sur la hausse de la production et l'exportation de café et de thé, l'amélioration des termes de l'échange (de -11,7 % en 2018 à 12,4 % en 2019) et la hausse des investissements (de 11,8 % en 2018 à 12,4 % en 2019).

L'inflation risque de doubler et d'atteindre 22,1 % en 2019 et 23,1 % en 2020. Avec le gel d'une partie de l'aide internationale, le déficit budgétaire se maintiendrait à 8,8 % du PIB en 2019 et chuterait à - 10,3 % PIB en 2020.

Le déficit de balance courante devrait osciller entre - 9,2 % en 2019 et -11,2 % en 2020 en raison de faibles valeurs des biens exportés non transformés.

Cameroun : En 2018, la croissance du Cameroun avait atteint 4,1 % contre 3,5 % en 2017, soutenue par la production gazière qui a permis de compenser la quasi-stagnation de la production pétrolière, ainsi que par la demande intérieure, notamment la consommation et l'investissement. En 2019, la croissance a ralenti et est revenue à 3,3 % en lien avec la crise socio-politique dans les régions du nord-ouest et du sud-ouest affectant l'activité, notamment la branche agriculture d'exportation ainsi que dans la branche de télécommunications. Les perspectives sont bonnes, car le taux de croissance du PIB augmenterait de 1 point de pourcentage en 2020 et devrait fléchir légèrement pour descendre à 4 % en 2021.

Le niveau général des prix représentait 0,6 % en 2017 et a augmenté pour atteindre 2,5 % en 2019 à cause du renchérissement des produits alimentaires, des restaurants et hôtels et des articles d'habillement. L'inflation devrait se stabiliser à ce niveau en 2020 et 2021.

La balance des paiements présentait un solde courant transferts publics inclus à - 2 % du PIB 2017 et s'est moins dégradé en 2018 avant que le solde s'aggrave en 2019, soit - 1,5 % du PIB et devrait se détériorer en 2020 et 2021, soit respectivement -1,6 % du PIB et -2,6 % du PIB.

La dette publique représentait en 2017, 55,4 % du PIB et a maintenu pratiquement le même niveau en 2018 avant de descendre à 51,7 % du PIB en 2019. La tendance baissière se poursuivra en 2020 et 2021 et représenterait respectivement 49,2 % du PIB et 45,4 % du PIB.

Le déficit budgétaire global, base engagement, dons compris s'est légèrement détérioré pour s'établir à 2,6 % du PIB en 2019 après 2,3 % du PIB en 2018.

Centrafrique : La croissance a repris dans ce pays ces quatre dernières années, après la crise qu'elle a connue depuis 2013. En 2019, le taux de croissance avait atteint 4,3 % contre 3,8 % en 2018 grâce au dynamisme de l'investissement et la reprise soutenue des activités agricoles, minières, du secteur des bâtiments et travaux publics ainsi que des services. Les perspectives sont satisfaisantes car, le pays va maintenir la tendance en hausse parce qu'en 2020, le taux de croissance serait 4,7 % et 5,1 % en 2021 et ceci grâce à l'accord de paix signé entre le gouvernement et les groupes armés et la reprise dans plusieurs secteurs.

L'inflation qui avait atteint un taux record de 4,2 % en 2017 a entamé une tendance baissière pour atteindre 0,9 % en 2018. Mais en 2019, le niveau général des prix a augmenté atteignant 2,8 % en 2019 et maintiendrait ce niveau en 2020 et 2021.

La balance des transactions courantes, transferts publics compris a été résorbé en partie représentant 4,5 % du PIB en 2019, contre 8,7 % du PIB en 2018 grâce à l'évolution favorable de la balance services.

Les finances publiques ont eu un solde budgétaire global, base engagement, dons compris déficitaire de 3 % du PIB 2019, alors qu'en 2018, il ne représentait que 0,4 % du PIB.

Le taux d'endettement public représentait en 2017, 49,2 % du PIB et a amorcé depuis 2018 une tendance à la baisse avec 48,1 % du PIB en 2019. Les perspectives seraient satisfaisantes avec respectivement 35,4 % du PIB et 31,4 % du PIB en 2020 et 2021.

Congo : Le Congo a enregistré une baisse de sa croissance en 2019 avec un taux de - 0,3 % contre +1,1 % en 2018, en raison principalement de la poursuite de la morosité de l'activité économique dans le secteur non pétrolier (-1,6 % en 2018, après -12,5 % en 2017), malgré la légère progression du volume d'activités dans le secteur pétrolier (1,4 % en 2017 contre 2,2 % en 2018).

L'inflation a augmenté en 2019 atteignant un taux de 2,3 % contre 1,2 % en 2018. Cette augmentation est imputable au relèvement des tarifs de péage.

Les finances publiques ont connu un solde excédentaire, base engagements, dons compris de 6 % du PIB en 2019 contre 5,3 % du PIB en 2018, en lien avec la baisse des dépenses courantes et une augmentation des recettes budgétaires.

Le compte courant, transferts publics inclus, a connu une forte contraction de son excédent qui est passée de 8,4 % du PIB en 2018 à 0,1 % du PIB en 2019, en relation essentiellement avec la détérioration des balances des services et des revenus, non compensée par l'amélioration de l'excédent de la balance commerciale.

L'endettement public du Congo a représenté en 2019, 79,3 % du PIB, contre 82,6 % du PIB en 2018 et 106,6 % du PIB en 2017.

Gabon : En 2019, le taux de croissance économique du Gabon est nettement reparti à la hausse pour atteindre 3,7 % après 0,4 % en 2018. Cette amélioration est en lien avec une hausse de la production pétrolière de 13 % et de l'évolution favorable du secteur hors pétrole ayant cru de 1,5 % grâce aux politiques mises en œuvre pour la diversification de l'économie. Toutefois, la croissance ralentirait pour s'établir à 2,7 % en 2020, mais repartirait en 2021 pour atteindre 4,7 %.

Le taux d'inflation s'est situé à 2 % en 2019 contre 4,8 % en 2018. Ce fort ralentissement est lié au maintien des mesures de lutte contre la vie chère et à l'indexation des prix des produits pétroliers, dont les cours ont baissé en 2019.

Finances publiques. Le solde budgétaire, base engagements, dons compris, est redevenu excédentaire en 2019 après avoir été déficitaire depuis la survenue du choc pétrolier en raison des efforts dans la collecte des recettes de l'État.

La balance courante, transferts publics inclus s'est légèrement résorbé pour revenir à 1,7 % du PIB en 2019, après 5 % du PIB en 2018. Cette résorption du déficit courant résulte de l'amélioration de l'excédent de la balance commerciale.

La dette publique a représenté 56,7 % du PIB en 2019 en régression par rapport en 2018 où elle était 64,1 % du PIB et 66,5 % du PIB en 2017.

Guinée Équatoriale : Le pays demeure toujours en récession en 2019 avec un taux de croissance de - 4 % contre -3,1 % en 2018. La crise est plus forte dans le secteur des hydrocarbures (production de pétrole et gaz notamment) avec une croissance de -10,7 % en 2019 contre 10,3 % une année plus tôt. Les perspectives seraient meilleures parce que les taux de croissance seraient successivement -0,7 % et 4,7 % en 2020 et 2021 en relation avec une augmentation de la production du gaz.

L'inflation est restée modérée en 2019 comme en 2018 avec tes taux respectifs de 1,4 % et 1,3 %. Ces chiffres s'expliquent par la baisse des prix des produits alimentaires, des boissons non alcoolisées, de l'habillement ainsi que le transport.

Les finances publiques ont connu un solde excédentaire budgétaire global, base engagement, dons compris de 1,1 % de PIB en 2019. Cette performance était portée par une baisse de dépenses en capital de 41 % en lien avec la reprogrammation de certains travaux publics et la mise en application des mesures de relance économique définies dans le cadre du programme avec le FMI.

La dette publique a progressé pour atteindre en 2019, 47,5 % du PIB contre 37,9 % en 2018.

Le déficit des transactions courantes, transferts publics inclus, s'est contracté en 2019, pour revenir à 6,5 % du PIB après 7,3 % du PIB en 2018, suite essentiellement à l'amélioration des balances des services et des revenus en dépit de la contraction de l'excédent de la balance commerciale.

République Démocratique du Congo : Le taux de croissance du PIB était estimé à 4 % en 2018, contre 3,7 % en 2017 sous l'impulsion d'une amélioration des cours des produits de base et d'une hausse de la production minière. En 2019, la croissance devrait passer à 4,5 % en 2019 et 4,6 % en 2020 grâce au secteur primaire.

En 2018, le déficit budgétaire a représenté 0,6 % du PIB contre un excédent budgétaire de 0,1 % du PIB en 2017. Le déficit de 2018 était imputable à l'organisation des élections sur ressources propres.

La gestion de la dette publique reste maitrisée avec un encours total de la dette qui a représenté 18,2 % du PIB en 2017.

En 2018, la banque centrale du Congo (BCC) a abaissé son taux directeur de 20 % à 14 % suite à l'évolution favorable de l'activité économique et le taux d'inflation est descendu à 27,7 % en fin 2018 contre 41,5 % en 2017.

Le déficit du compte courant s'est réduit passant de 3,6 % en 2017 à 1,1 % en 2018, grâce à une hausse de la production minière.

Rwanda : La croissance économique a atteint 6,1 % en 2017 et environ 7,2 % en 2018, soutenue par les services (4,1 %) et l'industrie (1,5 %), particulièrement la production industrielle. La croissance atteindrait 7,8 % en 2019 et 9 % en 2020, grâce aux exportations (politique « made in Rwanda »), et à la poursuite des investissements publics.

Le déficit budgétaire a été de - 4,3 % du PIB en 2018, légèrement inférieur à - 4,8 % du PIB en 2017, grâce à la hausse des investissements (23, 4 % en 2017 et 25,3 % en 2018) et la réduction des subventions, malgré une solide collecte des impôts par une meilleure conformité fiscale et la mise en place d'un système électronique. Le solde budgétaire de ce fait atteindrait - 4,4 % du PIB en 2019.

La dette publique avait atteint 41,1 % du PIB en 2018 contre 35,6 % en 2016 traduisant une forte dépense d'investissement du pays sur fonds extérieur.

L'inflation représentait 0,9 % en 2018 contre 8,2 % en 2017, grâce à la baisse des prix des produits alimentaires et des boissons non alcoolisées. L'inflation se situerait à 4 % en 2019 et diminuerait à 3,6 % en 2020 grâce à la maitrise des prix des produits de première nécessité.

Le taux de change était resté relativement stable en 2018 grâce à la poursuite de l'amélioration du secteur extérieur avec une augmentation de 15,8 % des exportations et de 1,4 % des importations.

La monnaie est dépréciée de 1,4 % par rapport au dollar américain en 2017, un taux bien inférieur aux 9,4 % de 2016.

Le déficit de balance courante s'est creusé à - 8,4 % en 2018 contre - 6,8 % en 2017, du fait de la détérioration des termes de l'échange, de 7,7 % en 2017 et 3,6 % en 2018.

Sao Tomé-et-Principe : La croissance du PIB réel a été estimée à 4,1 % en 2018, contre 3,9 % en 2017, grâce à la hausse des investissements étrangers directs soutenant le secteur de la construction dans les projets de développement. De ce fait la croissance devrait atteindre 4,6 % en 2019 et 5 % en 2020.

Le solde budgétaire affiche un excédent de 0,3 % du PIB en 2018, après un déficit de 2,6 % en 2017, en raison de la hausse des recettes et la baisse des dépenses totales, en particulier les dépenses d'investissement.

La dette publique représenterait 51,7 % du PIB en 2018.

La banque centrale a ramené le taux de référence à 9 % en 2017 et a fixé la réserve minimale requise à 18 %.

Le déficit de la balance des transactions courantes a été ramené de 8,2 % du PIB en 2017 à 6,7 % du PIB en 2018. Le déficit de la balance courante devrait se stabiliser autour de 7 % en 2019 et 2020.

L'inflation était de 6, 8 % en 2018 contre 5,7 % en 2017. En 2019, l'inflation atteindrait 5,5 % et 4,5 % en 2020.

Tchad : L'économie a enregistré en 2019 une croissance de 3 %, contre 1,9 % en 2018. Cette situation est imputable à la bonne tenue des productions pétrolière et vivrière et de la reprise de l'investissement public. Les prévisions de la croissance sont favorables, car elle atteindrait 5,6 % en 2020 et 2021.

Le niveau général des prix s'est établi à -1 % en 2019 contre 4 % en 2018 et -1,1 % en 2017. Cette situation est consécutive à une baisse des prix des produits alimentaires et de l'énergie.

Les finances publiques ont connu un excédent du solde budgétaire global, base engagement, dons compris, qui a atteint 2,6 % du PIB après 0,1 % du PIB en 2018.

La dette publique a représenté en 2019, 44,5 % du PIB contre 46,4 % en 2018.

Le solde de la balance courante, transferts publics inclus, est resté excédentaire en 2019 et s'est établi à 7,7 % du PIB contre 9,5 % en 2018. Cette contraction de l'excédent est en lien avec des dégradations des déficits des balances des services et des revenus, ainsi que la contraction des transferts courants, en dépit de l'amélioration de l'excédent de la balance commerciale.

CHAPITRE 6

CONDITIONS MACRO-ÉCONOMIQUES POUR L'INTÉGRATION D'UNE ZONE MONÉTAIRE À MONNAIE UNIQUE.

La condition générale est d'amener les pays candidats à l'union monétaire à monnaie unique à mener des politiques macro-économiques semblables, afin de garantir la stabilité extérieure de la nouvelle monnaie. Des critères de convergence sont ainsi définis à partir de quelques variables macro-économiques.

Les prérequis en termes de politiques convergentes nominales dans les pays de la CEEAC : les conditions conventionnelles

Il est largement admis par les économistes et spécialistes que pour intégrer une zone monétaire à monnaie unique, les pays candidats doivent avoir les mêmes grandeurs macro-économiques, le taux l'inflation doit être moindre, le déficit budgétaire proche du taux d'inflation, la dette publique soutenable, un déficit du compte courant maitrisé. Les pays peuvent également décider d'ajouter d'autres critères : réserves extérieures en mois d'importation, financement de la banque centrale etc.

Pourquoi le choix de certaines variables comme critères de convergence ?

Le choix des variables répond à une logique et vont dans le sens de garantir la stabilité extérieure de la monnaie et une croissance saine. Les variables ont des liens entre elles.

(i) L'inflation avec un taux faible a pour objectif d'assurer la stabilité des prix par une maitrise du niveau général des prix. Elle garantit la compétitivité des économies et la stabilité extérieure de la monnaie. La croissance de la productivité sera plus forte dans les secteurs des biens échangeables avec les transferts de technologies. Cette situation va entrainer une appréciation de la monnaie en termes réels et le pays pourrait devenir exportateur net en capitaux.

(ii) Les finances publiques. L'objectif est de ne pas faire supporter aux autres États membres les effets négatifs d'une politique de relance par le déficit budgétaire. Les finances publiques saines facilitent la tâche de la politique monétaire qui est de maintenir la stabilité des prix, et favorisent la baisse des taux d'intérêt qui stimule les investissements privés, d'où une accélération du stock de capital.

(iii) La réduction de la dette publique. L'objectif est d'éviter que la dette publique d'un pays devienne insoutenable car la dette n'est pas financée par les émissions monétaires. La maitrise de la dette allège le service de la dette, fournissant ainsi une marge qui peut être utilisée pour accroitre les dépenses publiques destinées aux activités productives, humaines et sociales et aussi pour développer les infrastructures.

Les critères de convergence

Il existe deux séries de critères de convergence nominale : les critères de premier rang et les indicateurs de second rang. Dans le cadre de la création d'une union monétaire africaine, les gouverneurs de l'association des banques centrales africaines (ABCA) ont arrêté quatre critères de premier rang et de second rang avec des calendriers qui ont été définis ainsi que des dates d'achèvement.

Les critères de premier rang sont

— le taux d'inflation doit être ≤ à 3 %. Cet objectif doit être atteint en 2038.

— le déficit budgétaire global, dons compris/ PIB ≤ à 3. Cet objectif doit être atteint à 2033 ;

— le financement du déficit par la Banque Centrale = 0 à partir de 2038.

— les réserves extérieures /Importations de biens et services ≥ à 6 mois à partir de 2038.

Le tableau ci-dessous montre en 2018, les performances de chaque pays dans le cadre d'une création d'une union monétaire dans la zone CEEAC.

T12 Critères du 1er rang en 2018.

PAYS	Solde budgétaire Global, dons compris ≤ 3 % PIB	Taux d'Inflation (%) 3 %	Financement du déficit par la banque centrale = 0	Réserves extérieures/importations de biens et services ≥ 6mois
Angola	**2,4**	**19,6**	**ND**	**6,3**
Burundi	**- 8,6**	**1,2**	**ND**	**1,3**
Cameroun	**-2,7**	**0,9**	**ND**	**6,59**
Centrafrique	**0,7**	**3**	**ND**	**6,71**
Congo	**5,4**	**1,2**	**ND**	**1,54**
Gabon	**1,5**	**4,8**	**ND**	**4,34**
Guinée Équatoriale	**2,8**	**1,3**	**ND**	**0,17**
République Démocratique du Congo	**-0,5**	**29,3**	**ND**	**0,7**
Rwanda	**-2,6**	**1,4**	**ND**	**4,6**
Sao Tomé - et- Principe	**-2,1**	**7,1**	**ND**	**2,6**
Tchad	**1,4**	**2,5**	**ND**	**1,59**

Sources : BAD, FMI, BEAC

Selon les principes conventionnels, seuls les pays remplissant les quatre critères peuvent intégrer la nouvelle union monétaire. Notre tableau est incomplet par l'indisponibilité du critère du financement des pays par la banque centrale. L'introduction de ce dernier comme critère de premier rang est troublant. En réalité, le non financement du déficit budgétaire par la banque centrale fait partie en réalité de la gestion des économies en fonction des chocs. De notre point de vue il n'est pas rigoureux de le classer parmi des critères de premier rang. La dernière crise de subprimes de 2008 a montré heureusement la limite du non financement du déficit par la banque des banques et a fait jouer son statut de prêteur en dernier ressort. Ainsi, la banque centrale américaine (Fed) a financé directement les banques et les entreprises. Il en est de même de la banque centrale européenne qui a prêté aux banques de second rang et qui à leur tour ont financé les entreprises. Cette « déviation » de l'orthodoxie s'est imposée pour sauver l'économie mondiale.

En outre, le classement de l'endettement parmi les critères de second rang est rare. En effet, un pays endetté a tendance à consacrer ses revenus pour le paiement des services de la dette en défaveur de l'investissement et des secteurs économiques et sociaux, tout en faisant pression sur la politique monétaire.

L'analyse du tableau fait ressortir les conclusions suivantes par pays pour l'année 2018 :

— L'Angola respecte deux critères sur trois, celui du solde budgétaire global et des réserves extérieures.

— Le Burundi respecte un seul critère sur trois : l'inflation.

— Le Cameroun respecte les trois critères sur trois : Le solde budgétaire, l'inflation et les réserves.

— La Centrafrique respecte les trois critères sur trois : Solde budgétaire, l'inflation et les réserves extérieures.

— Le Congo respecte un seul critère sur trois : l'inflation.

— Le Gabon respecte un seul critère : solde budgétaire global.

— La Guinée Équatoriale respecte deux critères sur trois : Le solde budgétaire global et l'inflation.

— La République Démocratique du Congo respecte un seul critère sur trois : le solde budgétaire global.

— Le Rwanda respecte deux critères sur trois : le solde budgétaire et l'inflation.

— Sao Tomé-et-Principe respecte un seul critère sur trois : le solde budgétaire global.

— Le Tchad respecte deux critères sur trois : le solde budgétaire et l'inflation.

À l'issue de cette analyse, si l'union monétaire de la CEEAC était créée en 2018, et en l'absence du critère du financement par la banque centrale, seuls deux pays sur onze pourraient être « éligibles » pour intégrer l'union monétaire : Le Cameroun et la Centrafrique.

En Afrique subsaharienne, les progrès réalisés restent lents notamment au niveau de l'inflation où son taux devrait atteindre 3 % en 2038.

T13 Critères du 1er rang en 2018 (moyenne subsaharienne)

	Solde budgétaire Globa, dons compris (% PIB ≤ 3	Taux d'Inflation (%) 3 %	Financement du déficit par la banque centrale = 0	Réserves extérieures/ importations de biens et services ≥ 6mois
Moyenne subsaharienne	3	10, 6	ND	5,2

Source : FMI

Les indicateurs de second rang peuvent être choisis parmi les variables qui sont des déterminants de bonne gouvernance économique. On peut citer quelques-uns :

— taux de pression fiscale : norme ≥ à 20 %

— dette publique/PIB : norme ≤ 60 % du PIB.

— taux de change nominal : variabilité de ± 5 %

— investissement du gouvernement en capital/ recettes fiscales : norme ≥ 30 du PIB

Les critères de convergence nominale constituent-ils une condition nécessaire et suffisante pour l'intégration d'une union monétaire ? Un sujet à controverse

Le débat sur les critères de convergence, comme condition imposée aux membres candidats à l'intégration monétaire est apparu à partir de l'approche sur les zones monétaires optimales (ZMO). Mundell et autres ont privilégié le paradigme exogène pour la réussite d'une zone monétaire par le respect des variables macro-économiques telles que l'inflation, le taux de change ou encore le taux de croissance. Mignamissi (D) a synthétisé ce que la théorie endogène a introduit pour dépasser Mundell. Ainsi, l'émergence du paradigme endogène qui relève spécifiquement les effets macro-économiques du partage d'une monnaie. Ce paradigme s'est développé autour de deux thèses : la « thèse du cercle vertueux des ZMO » et la « thèse du cercle vicieux des ZMO ». Pour la première thèse, l'adoption d'une monnaie unique induit une forte synchronisation des cycles [Frankel et Rose, 1998], favorise une intensification significative du commerce bilatéral des pays membres [Rose, 2000] et crée un cadre propice à la croissance économique [Vickers, 2000].

Pour la thèse du cercle vicieux par contre, le passage à la monnaie unique induit un effet contraire, car elle favorise la spécialisation des pays en fonction de leurs avantages comparatifs, ce qui amplifie les chocs asymétriques et rend les cycles asynchrones [Krugman, 1993].

L'approche endogène vise les pays qui respectent difficilement les critères de la convergence en particulier les pays de la zone franc et l'expérience américaine qui a mis plusieurs décennies pour atteindre le niveau de la convergence actuelle.

Pacte de stabilité et de croissance ou les critères de convergence à l'épreuve des réalités au sein de l'Union européenne

Le traité de Maastricht (une ville du sud des Pays Bas) a été signé le 12 février 1992 par douze pays européens puis entré en vigueur le 1er novembre 1993. Il a institué une union monétaire, le marché unique. L'objectif est de rapprocher les économies européennes en vue d'aboutir à une monnaie unique. Ce traité s'inscrit dans un contexte historique : Commercer au lieu de faire la guerre et se situe dans la lignée des accords de Bretton Woods de 1944, puis de l'entrée en vigueur de la communauté européenne du charbon et de l'acier (CECA) en 1952. Les Européens veulent construire un espace de paix basé sur la coopération économique. Le traité de Maastricht fait suite à l'acte unique européen de 1986.

L'émergence de ce marché unique implique des transferts de souveraineté des États vers les institutions supranationales comme la Commission européenne ou la banque centrale européenne (BCE). La politique budgétaire reste dans le giron des États, en revanche la politique monétaire est désormais entre les mains de la BCE.

Trois critères de convergence ont été définis dans le cadre du pacte de stabilité et de croissance : L'inflation doit être maintenue à un niveau de 3 %, le déficit public annuel ne doit pas excéder 3 % du PIB, et la dette publique (de l'État et des agences publiques) doit être ≤ 60 % du PIB.

Les critères de Maastricht : comment les seuils de 3 % et de 60 % ont-ils été définis ?

« Ces ratios ont été inspirés de façon particulièrement hasardeuse par la France» [Balla Fofana 2017 et dans publications partenairs in involved EUROPE, 2018]. «C'est l'affaire d'une seconde», raconte Guy Abeille, un ancien chargé de mission du ministère français des Finances, dans la *tribune* en 2010. Et l'ancien conseiller continue : « c'était un soir de mai 1981. Pierre Bilger, le directeur du budget de l'époque, nous a convoqués avec Roland de Villepin [le cousin de Dominique Villepin, ndlr]. Il nous a dit : « Mitterrand veut qu'on lui fournisse rapidement une règle facile, qui sonne économiste et puisse être opposée aux ministres qui défilaient dans son bureau pour demander de l'argent ». Les fonctionnaires vont proposer que les dépenses de l'État ne doivent pas dépasser 3 % du PIB. Ce chiffre a fait école en France et le traité de Maastricht reprend ce principe. Mais en réalité, les conseillers ont repris ce qui s'enseigne dans des universités. Combiné au critère de convergence de la dette publique (ratio dette/PIB de 60 % maximum) et avec comme objectif que le déficit équivaille à l'intérêt de la dette (à un taux estimé à 5 %), alors le déficit doit être égal à 0,6 x 0,05 = 0,03 c'est-à-dire 3 % du PIB. Ou encore que ce chiffre est à être rapproché à l'inflation dont le taux ne peut dépasser 3 %. C'est pour éviter le financement par l'émission monétaire.

Des critiques ont été formulées. Ainsi pour Guy Abeille « le ratio déficit/PIB peut au mieux servir d'indication, de jauge... Il ne mesure rien : il n'est pas un critère. Seule une analyse raisonnée de la capacité de remboursement, c'est-à-dire une analyse de solvabilité est crédible : n'importe banquier (ou n'importe marché, ce qui revient au même) vous dira ». Il donne l'exemple du Japon qui est endetté de 250 % du PIB, mais dont la dette est soutenable.

Eric Heyer, directeur du département analyse et prévision de l'OFCE (observatoire français des conjonctures économiques), reconnait qu'il est utile d'établir des règles communes dans le cadre d'un projet d'intégration économique comme l'UE, mais s'interroge sur la systématisation des règles budgétaires. « Le respect d'un engagement de 3 % ne peut pas être la seule politique économique car l'objectif du déficit zéro ne prend pas en compte la conjoncture et empêche l'investissement public. Et ne pas préparer l'avenir peut s'avérer dangereux » pour l'économie d'un pays.

Pour Benjamin Coriat, membre du conseil d'administration des Economistes Atterrés, « les critères de convergence [n'ont] aucun sens, ni fondement économique ou théorique, [et qu'il s'agit] d'une invention technocratique ».

Des critères respectés difficilement

La règle de 3 % avait pour but de réduire l'endettement. Or, depuis l'année 1981, la dette française n'a jamais cessé d'augmenter, elle est estimée à 96 % du PIB en 2017 : « De 1981 à 2007, le déficit public français est resté en moyenne dans la borne des 3 %, mais, sur la même période, la dette publique a explosé, grimpant de 44 points de base, à 64 % du PIB » [Michel Ruimy, 2015].

La dette de la Grèce a représenté près de 180 % du PIB dans la même période et l'Italie 133 % du PIB.

Le bilan de ses 25 années est controversé. Les Européens restent attachés à la monnaie unique, l'Euro, dans leur grande majorité. Par contre, de nombreux économistes se montrent critiques, notamment concernant les règles budgétaires : « Le traité de Maastricht comportait deux promesses : la prospérité économique, avec la convergence des niveaux de vie, et l'unification des niveaux de vie, et l'unification économique » rappelle Christophe Bouillaud. Selon lui, ce traité est un échec sur toute la ligne par rapport aux promesses de l'époque. La croissance sur 25 ans des pays de l'Union européenne est loin d'être extraordinaire et la convergence des niveaux de vie n'a plus eu lieu depuis 2008, argumente-t-il. Selon le même auteur, l'erreur historique du Traité de Maastricht a été de séparer la politique monétaire et la politique budgétaire. Alors comment gérer une monnaie unique en liaison avec la politique budgétaire ?

CHAPITRE 7

LA GESTION D'UNE MONNAIE UNIQUE

La gestion d'une union monétaire se fait par l'intermédiaire des institutions à caractère politique qui sont essentiellement, la conférence des chefs d'État et de gouvernement et le conseil des ministres de la communauté.

Sur le plan de la gestion quotidienne de la monnaie, la banque centrale commune joue le rôle fondamental car c'est elle qui gère la monnaie par la définition de la politique monétaire et qui a le pouvoir de frapper les signes monétaires qui ont le pouvoir libératoire dans la zone monétaire.

Les institutions de la zone monétaire à monnaie unique

Les institutions constituent le cadre juridique et économique qui encadre l'union monétaire et qui sont spécifiques à elle. Elles sont distinctes des institutions nationales des États membres. Elles élaborent les politiques communes en matière de politique monétaire qui doivent être mises en œuvre par la banque centrale commune de l'union monétaire. On peut distinguer les institutions politiques et celles à caractère économique. Nous faisons remarquer que certaines institutions à caractère économique et monétaire peuvent être créées après l'annonce de la création d'une monnaie, surtout qu'il ne s'agit que d'une dénomination.

a- ***Les institutions politiques*** existent et sont déjà mises en place. Il s'agit de la conférence des chefs d'État et de gouvernement et du conseil des ministres :

(i) La conférence des chefs d'État et de gouvernement définit les grandes lignes de la politique économique et monétaire de la communauté et participe à la nomination des commissaires qui gèrent au quotidien des affaires de la communauté.

(ii) Le conseil des ministres est une instance intergouvernementale qui comprend tous les ministres de l'Économie et des Finances des pays membres de la communauté. Il assure la direction de l'union monétaire et détermine la politique monétaire et de crédit et approuve les accords et conventions...

Les institutions et les instruments à caractères économiques et monétaires.

(i) **La banque centrale commune** est la structure technique fondamentale. Elle est définie comme « des banques dont le but n'est pas d'exécuter des opérations de banque et de réaliser le plus de bénéfices possible, mais de gérer le service public monétaire » [Moustapha Lô Diarra, in Graduate Institue Publications]. Le même auteur ajoute que les banques centrales internationales se distinguent des banques centrales étatiques, elles « sont dotées d'une personnalité internationale et le privilège et immunités financières internationales ». Elles ont le pouvoir d'émettre de la monnaie ayant cours légal dans les pays membres de la communauté. La banque centrale commune a également le pouvoir de définir les grandes orientations de la politique monétaire. À titre d'exemple la banque centrale européenne « définit les grandes orientations de la politique monétaire et prend les décisions nécessaires à leur mise en œuvre. Elle gère la monnaie unique (l'euro, €), assure la stabilité des prix et conduit la politique économique et monétaire en vue de soutenir la croissance et la création d'emplois [Toupictionnaire], souligné dans le texte]. Cette définition couvre bien les objectifs d'une banque centrale. La stabilité des prix n'est pas une fin en soi, mais a pour but d'entrainer la croissance nécessaire à la réduction du chômage. Ce débat constitue une controverse au sein des économistes, les hommes politiques et les dirigeants des banques centrales et, entre les monétaristes et les keynésiens. Les monétaristes ont tendance à privilégier la politique monétaire stricto sensu, alors que les keynésiens mettent l'accent sur la croissance et l'emploi. L'inflation est vue comme conséquence de la croissance (analyse des structuralistes) qui est la surchauffe de l'économie. Pendant longtemps la banque centrale européenne a privilégié la lutte contre l'inflation en maintenant le taux directeur élevé, ce qui a enrichi le crédit et freiné la croissance économique et pénalisé la compétitivité-prix. Dans ces conditions, les ménages et les entrepreneurs n'ont pas accès au crédit ce qui impacte négativement sur la consommation et l'investissement. En outre, cette orientation a pénalisé les exportateurs européens notamment la France. L'Allemagne n'a pas trop souffert de cette politique à cause de sa stratégie basée sur la compétitivité hors prix et qui fait d'elle le premier exportateur européen. Depuis la crise financière de 2008, la BCE a adapté sa politique à la réalité économique et a aujourd'hui le taux directeur proche de 0.

(ii) **Le taux de change** dans le cas d'une nouvelle monnaie, doit être défini par la nouvelle banque centrale commune et les autres institutions qui collaborent avec elle. C'est un exercice fastidieux. La définition du taux de change doit tenir compte du niveau des prix et du pouvoir d'achat dans chacun des États membres. La valeur de la nouvelle doit être définie par rapport au FCFA et aux autres monnaies qui existent dans les autres pays membres. À titre d'exemple à la création de l'Euro en décembre 1998, 1 euro valait 1, 95583 Mark allemand, 40, 3399 francs belges et 6,55957 francs français. Cela signifie que le pouvoir d'achat de la monnaie allemande était supérieur à celui de la monnaie française à cette période. Dès lors on comprend facilement le rôle supérieur que l'Allemagne continue à jouer dans la zone euro.

(iii) **L'indépendance de la banque centrale** est une préoccupation récente parce qu'elle date des années 80. Jusqu'à cette période les pouvoirs publics détenaient un pouvoir important sur les gouverneurs des banques centrales. L'indépendance acquise a été mise à rude épreuve pendant la crise des subprimes. Cette crise a amené des questionnements, parce que les banques centrales ont pratiqué l'interventionnisme sans précédent et qui a permis de juguler la crise et empêcher l'écroulement de l'économie mondiale en jouant leur rôle de prêteur en dernier ressort.

L'indépendance d'une banque centrale est définie sur deux points fondamentaux : « l'indépendance organisationnelle tient aux relations entre la Banque centrale et l'État, et concerne un ensemble des dispositions qui régissent l'organisation institutionnelle de la banque centrale, à savoir, la composition de ses instances de décision, le mode de recrutement et de révocation des dirigeants, la durée du mandat, la responsabilité des instances dirigeantes de la banque et leur devoir de communication des résultats obtenus ». [Nesrine Ressaissi, mémoire online, 2008]. C'est la question de la transparence qui est posée dans cette définition. Elle doit présider aux nominations de la direction des banques centrales en évitant que les mandats des dirigeants coïncident avec les mandats des hommes politiques et que les responsables des banques centrales ne soient assujettis aux échéances électorales. Les dirigeants des banques centrales doivent aussi rendre compte à l'opinion publique. «L'indépendance des banques centrales s'exerce en matière de politique monétaire et se décline en indépendance d'objectifs et/ou en indépendance d'instruments. C'est le champ d'application de l'indépendance que nous retenons à titre principal. Est donc indépendante une banque centrale qui définit et met en œuvre la politique d'un pays ou groupe de pays dans le cadre d'une loi ou d'un traité ». Ici, l'indépendance permet aux banques centrales d'atteindre leur objectif principal qui est de garantir la stabilité des prix en luttant contre l'inflation.

Les opposants à l'indépendance sont nombreux. Une étude faite dans des années 70 aux États-Unis a montré qu'il existait une corrélation positive entre la création monétaire et les échéances électorales [Clément Bélibanga, 1986]. Récemment le Président des États-Unis, Donald Trump a violemment critiqué la réserve fédérale (Fed) dirigée par Jerome Powell qu'il a nommé, aux motifs que celui-ci a relevé fin décembre 2018, le taux d'intérêt directeur d'un quart de point pour les porter dans un intervalle compris entre 2, 25 % et 2,50 %. Le raisonnement de la Fed est simple : pour elle, cette politique a pour but d'éviter une surchauffe de l'économie américaine qui a eu un taux de croissance de 1,6 % en 2016 et qui est passé successivement à 2,2 % en 2017 et 3 % en 2018. Le raisonnement est différent chez le président américain : Le relèvement des taux directeurs freine la croissance à court terme, alors que le président espère dépasser ce taux de croissance dans l'espoir d'être réélu. Dans un tweet, il a écrit que la Fed est « le seul problème que notre pays a ».

Le paradoxe de l'indépendance de la banque centrale est que le premier dirigeant est nommé par le pouvoir politique et qu'il peut également le relever si la politique monétaire mise en œuvre par la banque centrale ne satisfait pas à son ambition politique. Cette situation se retrouve également en Europe avec la banque centrale européenne où certains journaux allemands l'accusent de « mener à la ruine les économies européennes ». Or, historiquement, ce sont les Allemands qui défendaient l'indépendance de la BCE, contrairement à la France [Rapport Werner].

Pourquoi l'indépendance des banques centrales est-elle remise en cause ? Guillaume Benoit tente de donner quelques explications. Pour lui, cette situation est liée à une conquête tardive de l'indépendance par les banques centrales : la Fed au cours des années 80 et la banque d'Angleterre en 1997. La BCE est la seule banque centrale qui est née indépendante en juin 1998. Pour l'auteur, la politique menée par les banques centrales pendant la crise financière de 2008 a agi sur leur indépendance. Ce sont en effet les banques centrales qui ont été les premières à réagir à la chute de Lehman Brothers. « Elles ont pris des mesures d'urgence pour éviter le blocage du marché interbancaire et, donc, du financement de l'économie. Par nécessité, elles sont sorties de leur rôle de pilotage de l'inflation grâce à leur politique de taux et au prêt de liquidité aux établissements bancaires. Elles ont mis en place des instruments non conventionnels : taux négatifs, achats d'actifs pour faire monter les prix et stimuler la croissance, injections massives de cash sur les marchés ». En Europe, la BCE a mené la même politique de « prêteur en dernier ressort » pour les pays en difficulté. Si en général, l'indépendance des banques centrales est admise par les économistes, en particulier les libéraux d'obédience monétariste, il n'en demeure pas moins que si la politique monétaire n'inclut pas la politique budgétaire, le développement du suffrage universel dans des pays démocratiques poussent à la « policy-mix ». L'objectif des politiques est de faire pression sur les banques centrales qui aussi constituent une structure publique.

(iv) **La politique monétaire commune** peut être définie par la banque centrale commune et les banques centrales des autres États membres comme cela se fait dans l'union monétaire européenne. Mais il reviendra aux autorités politiques d'en décider. L'Objectif fondamental de la politique monétaire est la stabilité de la monnaie qui soit compatible avec la croissance et l'emploi. Si l'objectif central est la stabilité des prix, la politique monétaire commune doit coïncider avec les objectifs généraux des politiques économiques de l'union.

(v) **Le Régime de change.** Le régime de change est constitué de l'ensemble des règles par lesquelles un pays ou un ensemble des pays décident d'organiser la détermination des taux de change. C'est le régime de change qui sert à donner aux relations internationales une ou plusieurs monnaies de règlement. On distingue traditionnellement deux types de systèmes de change : le régime de change fixe et le régime de change flexible ou flottant.

Le régime de change fixe. Dans ce système, le cours d'une devise est fixé par rapport à un étalon (une monnaie ou un panier de monnaies) par la banque centrale qui émet cette devise. C'est ce système qui a dominé l'économie mondiale jusqu'en 1973, année de levée de la référence du dollar par rapport à l'or, le système étalon-or est une variante du système fixe. Le système de change défini à la conférence de Bretton Woods était un système de change fixe, mais ajustable entre un intervalle défini entre un plancher et un plafond. Dans ce régime la banque centrale, par sa politique et interventions doit maintenir la valeur externe de la monnaie. Les partisans du système de taux de change fixe y voient plusieurs avantages : La monnaie attire la confiance des investisseurs, il maitrise l'inflation et favorise la croissance de la production et l'intégration économique...

Pour les détracteurs du système de change fixe, celui-ci freine l'ajustement extérieur et limite le recours aux politiques macro-économiques conjoncturelles et accroit la vulnérabilité aux crises. Le taux de change fixe détermine un niveau économique incompatible avec la situation réelle de l'économie et est vulnérable aux crises financières internationales. Dans ce système les politiques monétaires doivent permettre de disposer suffisamment de devises pour défendre la parité de la monnaie. Et, enfin le système de change stable fixe les prix, mais n'équilibre pas le système économique global [P. Hugon].

Le régime de change flexible ou flottant. Le taux de change de la monnaie varie en fonction de la loi de l'offre et de la demande. Sa valeur est donc définie au jour au jour par le jeu de marché. Son avantage fondamental selon Milton Friedman, son partisan, est qu'il permet de supprimer la spéculation car celle-ci dérive d'un changement brutal de parité, le régime de change flottant pur permet de stabiliser la parité grâce au mécanisme de rééquilibrage de l'offre et de la demande de devises sur le marché de change. En outre, le régime de change flexible permet l'ajustement automatique de la balance des paiements. En effet, dans une économie ouverte, un déficit courant de la balance des paiements résulte d'un différentiel entre épargne et absorption. Un déficit entraine une dépréciation de la monnaie domestique qui permettra une amélioration de la compétitivité-prix et donc un retour à l'équilibre.

Les opposants au régime flexible affirment que la spéculation n'a jamais été aussi forte depuis 1973, (date de l'adhésion des grandes économies à ce système), en témoignent les multiples crises financières qui se sont produites ; les déséquilibres des transactions courantes sont devenus vertigineux, connaissant une apogée en 2008 (la chine et les USA)...

La gestion commune des réserves

La gestion des réserves peut être définie comme « le processus par lequel un montant adéquat d'actifs extérieurs du secteur public sont mis à la disposition et sous le contrôle des autorités afin de leur permettre d'atteindre une série d'objectifs bien définis pour un pays ou une union » [FMI, directives pour la gestion des réserves de change, conseil d'administration du 20 septembre 2001]. La gestion peut être centralisée, dans ce cas, les pays mettent la totalité de leurs réserves à la disposition de la banque centrale de l'union monétaire. Elle peut être décentralisée, c'est la situation où les réserves sont gérées en partie par la banque centrale de l'union monétaire et l'autre par le pays détenteur des réserves de change.

Dans cette directive, la gestion des réserves vise à faire en sorte que :

— un montant adéquat de réserves internationales soit disponible pour atteindre certains objectifs définis ;
— les risques de liquidités, de marché et de crédit soient gérés de manière prudente ;
— les fonds affectés à la constitution des réserves aient un rendement raisonnable à moyen et long terme.

Cette directive met également l'accent sur la transparence et la responsabilité. La transparence est tirée du code de bonnes pratiques pour la transparence des politiques monétaire et financière. Ce code vise « à promouvoir la transparence des pratiques suivies par les banques centrales dans la conduite de la politique financière ». La responsabilité doit être répartie entre le gouvernement, la banque centrale et d'autres entités. La transparence et la responsabilité signifient également de rendre publics les principaux objectifs de la gestion des réserves et d'expliquer les éléments fondamentaux de la politique mise en œuvre.

Dans le cas de l'union monétaire européenne, la détention et la gestion des réserves officielles revient au système européen de banques centrales (SEBC) qui est composée de la BCE et de toutes les banques centrales des pays membres.

CHAPITRE 8

LE NOM DE LA MONNAIE UNIQUE DE LA CEEAC

Le calendrier aboutissant à la création de l'union économique et monétaire africaine (UEMA) a été décidé par l'union africaine (UA) en 1994 et doit s'achever en 2038. Il comprend six différentes étapes définies dans l'article 6 du traité d'Abuja et constitue la feuille de route qui s'impose aux États membres.

Nous proposons dans ce dernier chapitre le nom de la monnaie unique de la zone CEEAC.

Le calendrier de l'Union Africaine (UA)

T14. Phases recommandées conduisant à la création de BCA

Phases	Début	Fin	Nbre d'années	Objectifs
Phases 1	Mars 2014	Décembre 2014	1	Phase de politique et de prise de Décision – création de l'Institut Monétaire
Phase 2	2015	2017	3	Zones de Libre Échange effective au niveau des CER, Zone de Libre Échange Tripartite Effective. Prévision en vue de l'effectivité des Unions douanières des CER. Renforcement de la convergence macroéconomique et de l'intégration financière. Programme pour le Développement des infrastructures en Afrique (PDIA) (2010-2030) Phase I. Phase II : Résolution des questions d'adhésions multiples au niveau des CER afin que chaque pays appartienne qu'à une seule CER.
Phase 3	2018	2022	5	Effectivité de l'Union Douanière au niveau des CER. Approfondissement de la convergence macroéconomique et

				de l'intégration financière. Programme pour le développement des infrastructures en Afrique (PDIA) (2010- 2030), suite de la phase II. Création de Zone de Libre Échange continentale
Phase 4	2023	2028	6	Effectivité du marché commun des CER. Renforcement accru de la convergence macroéconomique et de l'intégration financière : Systèmes de Paiements et de compensation, Bourses sous régionales et Régionales. Création des Banques Centrales et des monnaies des CER ainsi que des Unions Budgétaires et Bancaires des CER d'ici à 2028. Programme pour le développement des infrastructures en Afrique (PDIA) (2010-2030), suite de la Phase III. Création de l'Union douanières continentale.
Phase IV	2029	2034	6	Effectivité de l'Union Economique et Monétaire

				Continentale qui débouchera sur la création de la Banque Centrale Africaine et de la Monnaie Unique. Programme pour le Développement des Infrastructure en Afrique (PDIA) (2010-2030) : poursuite de la Phase III jusqu'en 2030.

Source : Les Institutions Financières Panafricaines, 2017

Phase 1. La période réactualisée devrait commencer en mars 2014 et s'achever au mois de mars de la même année. C'est le moment de prise de décision par les chefs d'État et de gouvernement, ce qui a été fait. À cette phase, il est prévu la création de l'institut monétaire africain (IMA). Cet organe prévu n'est pas opérationnel, or l'institut doit jouer un rôle important par la supervision et la création d'autres organes aboutissant à l'union économique et monétaire africaine.

Au milieu de l'année 2020, l'IMA n'a pas toujours été créé. C'est l'association des banques centrales africaines (ABCA) qui joue son rôle. En effet, celle-ci examine le rapport du groupe d'experts portant sur la mise en place d'un cadre de suivi des critères de convergence et d'un mécanisme d'évaluation par les pairs pour la convergence macro-économique.

Le rapport de mars 2019 sur la convergence macro-économique des pays membres de l'union africaine faisait ressortir une moyenne sur les trois dernières années précédentes. Ainsi :

(i) cinquante et un (51) pays n'ont pas respecté les quatre critères de premier rang, par contre ces pays ont satisfait aux deux (2) critères de convergence de second rang sur quatre (4) et deux (2) sur le chemin de la convergence.

(ii) un (1) pays a rempli les conditions des quatre (4) critères de premier rang et est sur le chemin de la convergence pour les quatre (4) critères de second rang.

(iii) un (1) pays a atteint un critère de convergence de premier rang et est sur le chemin de convergence pour deux (2). Ce pays a atteint deux critères de convergence de second rang et est sur le chemin de la convergence d'un critère de second rang.

(iv) un (1) pays a atteint un critère de premier rang et est sur le chemin de la convergence pour deux (2) autres critères de premier rang. Le même pays a atteint trois (3) critères de second rang et est envoie d'atteindre un (1) critère de second rang.

Phase 2, 3, 4 et 5. Aucune action n'a été mise en application. Il est de même pour les autres phases

Le nom de la monnaie

Cette partie va définir la monnaie dans ses différentes fonctions et aussi le pouvoir et la souveraineté que procure la monnaie. Nous parlerons des monnaies précoloniales qui vont inspirer le nom de la nouvelle monnaie de l'Afrique centrale.

Monnaie : définition, fonction et son rôle de régulateur

M. de Mourgues donne trois définitions à la monnaie :

(i) Une définition institutionnelle : La monnaie est l'instrument d'échange qui permet l'achat immédiat de tous les biens, services et titres sans coûts de transactions ni coûts de recherche et qui conserve la valeur entre deux échanges. C'est un phénomène social car elle repose sur la confiance des agents dans le système qui la produit.

(ii) Une définition dite institutionnelle : La monnaie est par nature, l'instrument d'échange universel dont l'existence préalable est la condition de l'échange. Sa détention est rationnellement justifiée par la nécessité, soit de rompre les relations de troc soit de différer l'échange en situation d'incertitude. Son utilisation comme numéraire conduit à simplifier le système de prix relatifs.

(iii) Une troisième définition qui se réfère « aux propriétés » de la monnaie. Dans un monde dominé par l'incertitude et la peur du risque, la monnaie est le bien dont la valeur relative est la plus stable et qui présente une supériorité absolue sur les autres biens pour conserver le pouvoir d'achat en minimisant les risques. C'est la raison pour laquelle elle sera toujours acceptée dans l'échange contre n'importe quel bien.

La monnaie a trois fonctions :

(i) Instrument de mesure des valeurs, la monnaie joue le rôle de numération, d'évaluation. C'est une unité de compte, un numéraire, qui sert à mesurer la valeur des biens et services. Etalon de mesure de valeurs, la monnaie permet le calcul économique, et elle homogénéise les prix de l'ensemble des biens et des services en fournissant une unité de mesure unique.

(ii) Instrument de règlement, la monnaie permet le règlement des échanges. L'utilisation de la monnaie s'oppose au troc.

(iii) Instrument de réserve. Les agents économiques peuvent détenir une partie de leurs avoirs, de leurs richesses sous forme monétaire. La monnaie, en permettant de dissocier la vente d'un bien, constitue une réserve de valeur. La monnaie est « un pont entre le présent et l'avenir ».

Cette fonction marque une rupture entre les classiques et les Keynésiens, en particulier avec Jean Baptiste Say qui considère la monnaie comme une voile et que les marchandises s'échangent contre les marchandises. Ainsi lorsque les agents obtiennent de la monnaie (c'est en fait la demande de monnaie) en vendant des biens et de services, ils ont pour objectif d'utiliser cette monnaie pour un autre échange et non de la conserver. La monnaie n'est pas demandée pour elle-même.

Keynes, au contraire accorde la plus grande importance à ce qu'il appelle « la préférence pour la liquidité ». Il va avancer les trois motifs de demande de monnaie :

(i) « Le motif de transaction, c'est-à-dire le besoin pour la réalisation courante des échanges personnels et professionnels... Une première raison de conserver la monnaie est de combler l'intervalle entre l'encaissement et le décaissement du revenu »,

(ii) « Le motif de précaution, c'est-à-dire le désir de sécurité en ce qui concerne l'équivalent futur en argent d'une certaine proportion de ses ressources totales... le souci de parer aux éventualités exigeant une dépense soudaine, l'espoir de profiter d'occasions non prévues d'achats avantageux et enfin le désir de garder un avoir de valeur nominale immuable pour faire face à une obligation future stipulée en monnaie sont autant de nouveaux motifs à conserver de l'argent liquide »,

(iii) « Le motif de spéculation c'est-à-dire le désir de profiter d'une connaissance meilleure que celle du marché de ce que réserve l'avenir ».

Cette distinction permet à Keynes de définir une composante de la demande de monnaie liée au revenu (motif de transaction et motif de précaution) et une autre liée au taux d'intérêt.

La monnaie constitue également un instrument de régulation et de politique conjoncturelle régulièrement utilisé par les autorités monétaires. La régulation monétaire interne consiste à agir sur l'évolution de la masse monétaire et les taux d'intérêt et, par conséquent sur les variables macro-économiques telles que le niveau général des prix, le niveau de la production et l'emploi, l'investissement.

La régulation externe. La politique de change vise à agir sur le taux de change de la monnaie, la valeur de la monnaie par rapport aux autres monnaies. Elle dépend du régime de change :

En régime de change fixe, les autorités monétaires doivent maintenir le taux de change à l'intérieur des marges de fluctuations définies autour d'une parité officielle :

En régime flexible, les autorités monétaires ne sont pas tenues par une parité officielle.

Politique monétaire et politique de change sont donc les instruments importants de politique économique.

Pour les keynésiens, la politique monétaire et la politique budgétaire constituent des instruments de politique de relance, tandis que les libéraux privilégient la politique monétaire comme moyen de lutte contre l'inflation et sont pour une politique de monnaie forte.

Monnaie, pouvoir et souveraineté

Pour Jean Bodin la souveraineté désigne l'idée d'un pouvoir de commandement et de décision que détient un État et qui se définit par deux caractéristiques majeures : le pouvoir souverain est un pouvoir unifié et suprême, d'un côté invisible, de l'autre.

La souveraineté monétaire est un droit historique reconnu à chaque État. « C'est un principe généralement admis que tout Etat a le droit de déterminer lui-même ses monnaies » [Carreau, 1970]. Progressivement certains attributs de cette souveraineté ont échappé aux États, notamment depuis l'avènement du système de Bretton Woods où le système de change a échappé aux États entre 1944 et 1973. Plus tard, les créations des unions monétaires ont élargi la perte du contrôle de la souveraineté des États nations, dans la définition de la politique monétaire, désormais du domaine des banques centrales communes.

Selon Jérôme Blanc, le premier écueil consiste à en faire un droit inaliénable de l'État, tandis que le second défini la souveraineté monétaire à partir de ses caractéristiques.

Le niveau primaire de la souveraineté monétaire est défini par quatre éléments :

1. La présence d'une **autorité** qui s'affirme souveraine en matière monétaire dans un espace donné ;
2. La définition par cette autorité d'une **unité de compte**, au sens de l'établissement de son nom ainsi que de sa valeur, ou de sa base, sur un quelconque critère ;
3. La possibilité du prélèvement par cette autorité d'un revenu de souveraineté, **le seigneuriage,** ce qui passe par la définition d'un ensemble de moyens de paiement dont l'émission est plus ou moins contrôlée et dont l'usage en paiement auprès des institutions de l'autorité souveraine est garanti ;
4. L'établissement et la diffusion d'une **symbolique monétaire** constituant les marques de la souveraineté.

L'auteur affirme que ce niveau n'est pas nécessaire pour définir l'autorité et ajoute un niveau supérieur qui sont :

1. La capacité à imposer les instruments monétaires de l'autorité souveraine dans les **pratiques internes de compte et de paiement.** À son extrémité, il peut s'agir de la saturation des pratiques monétaires par les seuls instruments monétaires internes ;
2. La capacité à maitriser les **pratiques de conversion** entre la monnaie nationale et les monnaies étrangères, autrement dit la maitrise de la convertibilité de la monnaie. À son extrémité, il peut s'agir d'un contrôle total des pratiques de conversion ;
3. La capacité à mener une **politique monétaire,** autrement dit à moduler les conditions de l'émission des moyens de paiements et donc à agir sur la quantité de la monnaie émise. Par-là, la politique monétaire a une influence sur le seigneuriage prélevé. À son extrémité, cette politique peut aussi conférer la capacité de faire varier l'état relatif de richesses internes, autrement dit la position relative des créances et des débiteurs.
4. La capacité à mener une politique de change, autrement dit à moduler la valorisation externe de la monnaie interne. Par-là, la politique de change détermine ou simplement influence la valeur de l'unité de compte. Elle entre aussi en jeu dans l'état relatif des richesses en interne.

Union monétaire et souveraineté nationale

Thierry Chopin, parlant de l'Union européenne, pense que le concept de souveraineté est problématique, « car l'union n'est pas un État et les compétences respectives des États et des autres échelons politiques et administratifs font l'objet de répartition ». Il affirme que c'est le cas de l'Europe, elle est construite en donnant à l'État des missions régaliennes (décision budgétaire, politique étrangère...). Or, l'union européenne, dès lors s'est consacrée « à des missions de redistribution (politique agricole commune, politique de cohésion) qui générèrent les conflits d'appropriation ». L'Union européenne devrait se doter d'instruments régaliens. Par ailleurs, il estime que le retour au franc serait dangereux et constituerait une perte de souveraineté pour la France. « Le montant des actifs français détenus par des étrangers est très supérieur à celui des actifs étrangers détenus par des français. Le reste du monde a donc une créance vis-à-vis de la France ».

La souveraineté monétaire permet à un pays de contrecarrer des chocs exogènes ou endogènes, de mettre en place une politique de relance de croissance pour résorber le chômage. La banque centrale d'un pays souverain peut choisir librement sa politique orientée vers la lutte contre l'inflation ou vers la recherche de la croissance. Les pays qui sont souverains sur le plan monétaire peuvent laisser flotter leur monnaie. Pour Babacar Sène, l'abandon de sa souveraineté monétaire et l'adhésion à une union peut être source d'instabilité. Il considère qu'il est difficile de construire une zone monétaire optimale où le fédéralisme budgétaire doit être respecté. « En Afrique, lorsqu'on veut aller vers une souveraineté monétaire, on peut le faire en restant toujours ensemble, mais en ayant une monnaie qui flotte sur le marché international, une monnaie indépendante des autres monnaies à l'image de celle de la Chine ».

Les monnaies précoloniales

Avant la pénétration coloniale, les sociétés africaines disposaient des différentes monnaies qui possédaient les mêmes caractéristiques reconnues à une monnaie : échange, unité de compte et réserve de valeur.

Ainsi, pour avoir le pouvoir libératoire, la monnaie doit être acceptée et reconnue comme un type d'objet confié aux anciens, responsable du groupe, chargés d'assurer le lien entre la communauté et son ancêtre. Ce sont des responsables de familles, âgés, seuls autorisés à conserver l'argent et à assurer les transactions importantes à l'intérieur du groupe.

Comme monnaie d'échange, les monnaies précoloniales étaient utilisées pour acheter des biens de consommation, la terre, à doter les fiancées. Les cauris ont été utilisés pour la traite des esclaves par des colons. Certaines transactions portaient sur «le rachat des morts au cours des combats ; le rachat des gens enlevés lors des rapts, le paiement des tributs, de taxes aux voisins auxquels on doit allégeance » [Rivallion Josette, 2001].

Unité de compte, la monnaie précoloniale permettait d'estimer le prix des biens et services. « Ainsi, est monétaire tout objet que les acteurs d'un échange conviennent d'utiliser pour estimer, de donner ou d'accepter de recevoir en paiement » [Pierre Edoumba, 2001]. On peut par exemple décider qu'une coquille vaudrait un kilo de riz. La monnaie précoloniale était aussi définie par rapport aux monnaies étrangères. En 1575, dix *nzimbu* (monnaie utilisée en Afrique centrale) valaient un réal portugais ou que 20 cauris valaient 5 FCFA.

Comme réserve de valeur, la monnaie précoloniale est conservée pour les pratiques sociales : fêtes familiales, pour l'investissement par les achats des animaux, épargne ....

Certains auteurs ont également montré que des monnaies circulaient pendant les périodes précoloniales [C-R Yavoucko, 1978]. Ze Bélinga a résumé l'utilisation des monnaies en Afrique centrale : Dans le royaume de Kongo, l'auteur parle d'une « véritable création monétaire (métallique ou non) ». Au Shaba les monnaies en cuivre ont circulé dès le VIIe siècle. À Nubie, actuelle Soudan, la poudre d'or a été utilisée comme étalon monétaire, ou encore que les fangs de la Guinée Équatoriale battaient la monnaie en cuivre.

En Afrique de l'ouest, Agnès Lambert a décrit la circulation de plusieurs formes de monnaies telles que les barres de sel, les cauris, dont l'utilisation a été généralisée en Afrique, la poudre d'or, la monnaie métallique qui correspondait à l'existence de véritables zones monétaires. Il évoque que les barres de sel et les pagnes ont circulé au XIVe siècle au Niger, les gabbacks au Soudan, en Sénégambie, les barres de fer, en Guinée, en Côte d'Ivoire, au Libéria, les guinzés. Ces multiples monnaies en circulations ont handicapé les échanges entre les colonies et leur bannissement a constitué une logique colonialiste.

La substitution des monnaies postcoloniales aux monnaies européennes a permis de lever facilement les impôts, financer les dépenses publiques tout en intégrant le commerce international.

Les formes des monnaies précoloniales

Les monnaies précoloniales ont eu des formes diverses selon les régions. Les cauris sont des petits coquillages qui sont pêchés dans la mer des Maldives qui arrivèrent sur les côtes d'Afrique après un voyage qui pouvait durer une année ou plus. Ce « voyage lui donnait plus de valeur et fait de coquillages devenaient inépuisables ». Les cauris venaient aussi du sud du Congo et de la région de l'Ouganda à l'est. Ils étaient approvisionnés à partir de la côte de swahili jusqu'au Sénégal à l'ouest.

En Afrique centrale, les monnaies métalliques prenaient plusieurs formes : l'aspect des fers de houe, de couteaux de jet, des pointes de lance ou de formes stylisées souvent difficile à identifier. Les africains du centre créèrent des entreprises pour fabriquer eux-mêmes leur monnaie.

En Côte d'Ivoire, les tigettes de fer étaient couramment utilisées comme objet d'échange et de prestation, chez les bétés et chez les guros. Elles étaient fabriquées par les Malinkés. Ces tigettes constituaient un important article d'exportation des régions péri forestières vers les peuples du sud forestier, fournisseurs d'esclaves et surtout de noix de cola [Chauveau J-P, 1984].

Concurrence entre les monnaies précoloniales et coloniales

L'avènement du colonialisme s'est accompagné de l'imposition par l'étranger de sa monnaie, nécessaire au paiement des impôts, mais aussi pour faciliter les échanges au niveau international par l'exportation des matières premières des pays colonisés.

La concurrence avec des monnaies coloniales a eu lieu et les deux monnaies ont coexisté dans certaines régions au-delà de l'indépendance, c'est le cas des cauris en Haute Volta, actuel Burkina Faso.

Le tableau ci-dessous montre l'exemple de concurrence entre monnaie locale et monnaie importée.

T14. Évolution du cours de cauri par rapport au franc

	1900	**1925**	**1937**	**1942**	**1960**	**1990**
franc français	**1**	**6**	**7**	**15**	**25**	**15**
Franc CFA	**1**	**6**	**7**	**15**	**125**	**750**
Cauris	**800**	**1600**	**1400**	**1500**	**500**	**750**

Source : Jean Louis Boutillier

En Afrique centrale, l'introduction des monnaies européennes ont commencé par des échanges contre des produits manufacturés (perles, bijoux, machettes ....), les matières premières (or, ivoire) et des esclaves. Plus tard, ces endroits d'échanges vont se transformer en comptoirs.

Avec le développement du commerce et les conquêtes coloniales, les objets monétaires et les unités de compte se sont diversifiés. Ainsi, avec des pratiques commerciales avec les européens, ceux-ci ont introduit des notions nouvelles telles que le « dollar-marchandises » ou le « franc-marchandises » utilisés dans les missions protestantes et les factories vers 1884.

Le choix du nom de la monnaie unique de la CEEAC

Le choix du nom de la nouvelle monnaie devrait partir de nos civilisations monétaires avant la pénétration de la colonisation. Il s'agit de rendre hommage aux ancêtres qui avaient déjà construit une économie d'échange basée sur la monnaie dont ils fabriquaient dans leurs entreprises.

ENCADRÉ 8: NZIMBU

La monnaie la plus connue en Afrique Centrale est le *nzimbu* (coquillage Olivancillaria nana) récolté par des femmes pour le compte du Mani-Kongo (souverain de Kongo) jusqu'en 1621, date de la prise de contrôle de l'île de Luanda (Il do dinheiro) par l'officier portugais Correa de Souza. Cette monnaie était de destinée à payer le tribut royal, mais aussi à être utilisée comme monnaie de compte ou de paiement lors des transactions diverses dans le royaume Kongo. Elle a été utilisée par de nombreuses populations d'Afrique centrale jusqu'en Oubangui chez les Bondjo. Sa fonction de réserve est avérée depuis la découverte du « trésor de Ngobila » par Van Moorsel lors des fouilles à Kingabwa.

Le *nzimbu* était indispensable pour commercer avec le royaume ou évaluer les transactions internes. En effet, les commerçants Portugais et Hollandais, pour ne plus subir des exigences du royaume, avaient

commencé à importer des coquillages similaires du Brésil ou de l'Océan indien, mais aussi à introduire comme marchandises de nouvelles variétés comme les cauris. Ils vont finir par prendre militairement le contrôle de l'île. L'aspect monétaire va disparaitre des textes pour ne laisser transparaitre que le côté « marchandise » ayant d'équivalents avec d'autres objets d'importation. Mgr J. Cuvelier a recensé les évaluations du *nzimbu* en monnaies portugaises sur près de trois siècles. On y apprend qu'en 1575 dix *nzimbu* valaient un réal ; un *cofo* (vingt mille *nzimbu*) valait deux mille *reis.* En 1619, l'évêque Baptiste estimait un *cofo* à trois mille *reis.* En 1787, il ne valait que mille *reis.* Un *lufuku* équivalait à dix mille *nzimbu.* Dans les échanges entre autochtones, cent *nzimbu* pouvaient servir à acheter une poule ; trois cents, pour une houe ; deux mille, pour une chèvre ; un *cofo* pour une esclave et un *mafuku tatu (*trois *lufuku)* pour une esclave mâle soit trente mille *nzimbu.*
Guindja (argent) dit « fer de houe » même parfois « fer de lance » (pour ceux des Ngbaka qui sont plus étirés), qui ont circulé en Oubangui et dans la Sangha. Il ne s'agit pas de fers de houe prêts à être emmanchés, mais d'objets d'échange dont la fragilité empêche l'utilisation lors des activités agricoles. Il en existait plusieurs sortes. Chez les Yakomas, un guindja valait neuf *mitako.* Pour Liotard, trente *guindja* servaient à l'achat de quatre chèvres ou d'un bouc émasculé dont la chair était très appréciée.

Le *mitako* était à l'origine une monnaie locale connue sous le nom de *ntaku (ou ngela, ngele* par référence à sa nature métallique*)* fabriquée avec du cuivre de Mbuku- Nsongo (Congo). Il avait l'aspect d'un crochet d'environ deux centimètres de long en forme de U. C'était la plus petite unité monétaire dans le commerce intercommunautaire. Il pouvait être assemblé pour former une chaîne. L'importation massive de cuivre a eu pour effet, de transformer cette monnaie et d'entrainer sa dépréciation. Les commerçants européens faisaient venir des rouleaux de cuivre et les débitaient en fils de 30 à 50 centimètres. Cette monnaie a perdu progressivement de sa valeur aux yeux des populations autochtones. Vers 1890, un *mitako* valait officiellement 15 centimes, valeur imposée par les autorités belges. Elles décrétaient la même année que le *mitako* était désormais la monnaie officielle de l'État indépendant du Congo. Entre les populations, le *mitako* s'échangeait contre dix centimes ; en 1910, chez les Bakongo, il valait un centime car cette population produisait du cuivre traditionnel.

Edoumba Pierre, 2000

Il s'agit aussi de montrer la résistance à la pénétration de la monnaie occidentale, comme des différentes guerres menées contre les colonisateurs. L'encadré 9 indique l'importance de cauris comme monnaie d'échange.

ENCADRÉ 9 : LES CAURIS

Le cauri, ce coquillage d'origine indo-pacifique de la famille des « cyprées » que l'on trouve principalement sous deux formes « moneta » et « annulus », très répandues sur le continent africain à partir du Xème siècle. Longtemps décrite comme une monnaie « archaïque », « primitive » ou « rétrograde », le cauri se voit reconnaitre un rôle prééminent dans le développement des économies du sous-continent à partir des années 1960-1970... De ce fait, le cauri semble réunir depuis une époque assez ancienne toutes les caractéristiques d'une véritable monnaie. C'est aussi une unité de compte et un étalon de valeur, soit à titre ; enfin le cauri peut servir à constituer une réserve de valeur soit à titres d'épargne soit en vue de paiements différé...
C'est ainsi que dans les premières années de la colonisation, leur utilisation pour le paiement de l'impôt de capitation semble avoir d'abord été encouragée avant d'être définitivement interdite. Ces diverses attitudes s'expliquent assez aisément : la collecte des cauris par les premiers « commandants » facilitait leur installation dans la mesure où elle permettait d'effectuer les paiements courants ; achat de nourriture, recrutement de personnel, etc., la monnaie française n'étant à cette époque pas reconnue en tant que telle par les populations. En revanche, très rapidement les inconvénients de l'usage du cauris par l'administration apparurent dans leur pleine dimension : longueur et incertitude dans le comptage des coquillages, poids excessif pour le transport et problème de stockage. En effet si le cauri est aisé de maniement et relativement léger lorsqu'il s'agit de sommes importantes comme par exemple pour l'achat de bétail, les quantités de cauris deviennent vite très encombrantes et difficiles à manipuler. D'autre part, une autre raison va s'imposer au colonisateur pour refuser puis définitivement proscrire l'usage des cauris : l'intégration des populations nouvellement assujetties dans une économie de type colonial nécessite la diffusion et l'utilisation du franc dans toutes les transactions et dans les budgets qui vont marquer dorénavant les rapports entre métropole et colonies : c'est à cette condition

nécessaire que l'exploitation de ces territoires sera rendue possible. Enfin au fur et à mesure que les puissances européennes étendent leur emprise en Afrique de l'Ouest, le cauri en tant que monnaie s'efface devant les devises européennes et la France redoute que les colonies qu'elle crée soit le refuse de tous ces coquillages qui, s'ils ne perdent pas leur valeur localement, ne vont pas manquer d'affluer massivement. Aujourd'hui, dans la province du Poni, le statut du cauri s'est radicalement modifié : il est pratiquement absent sur les marchés et son usage se limite dans le domaine économique à de petites transactions comme par exemple, l'achat de tabac en poudre, tandis que sur le plan rituel et social, son usage reste très largement répandu : funérailles, divination, initiation, etc. Cette démonétisation du cauri qui était à peine commencée à la fin des années 1950 s'est déroulée de façon accélérée dans les années 1960-70.

Source : Jean Louis Boutillier

C'est donc rentre hommage à leur intelligence. C'est aussi montrer que contrairement à la littérature occidentalo-centriste, les pays africains avaient bien une société organisée. Celle-ci n'était nullement basée que sur le troc, mais qu'il existait bien une économie où circulaient différentes monnaies.

À partir de cette approche, le nom de la nouvelle monnaie devrait découler des trois noms suivants : le nzimbu, le mitako ou le cauri.

Le ***nzimbu*** était la monnaie qui a circulé dans les pays de l'Afrique centrale et qui a pris naissance dans le royaume du Congo. Les pratiques monétaires internes dans cette région se situent au VIIIe siècle [P. de Maret, 1981] alors que les monnaies du commerce, supports des échanges avec d'autres pays étrangers datent de 1563 [W.G.LW Randles, 1968]. Avant le nzimbu, d'autres monnaies existaient : nkani, nganga, meni, ...

Le nzimbu est sous forme de coquillage Olivancillaria nana, « récolté par les femmes pour le compte du Meni-

Kongo (souverain du Congo) jusqu'en 1621 ». Cette monnaie avait des multiples et étaient convertie en monnaies étrangères : cofo, lufuku, mafutu tatu. (Voir encadré 8).

Le ***mitako*** était à l'origine une monnaie locale connue sous le nom de *ntaku* (*ou ngela, ngele* par référence à sa nature métallique), fabriquée avec du cuivre de Mbuku-Nsongo (Congo). Il avait l'aspect d'un crochet d'environ deux centimètres de long en forme de U. Les commerçants européens faisaient venir des rouleaux de cuivre et les débitaient en fils de 30 à 50 centimètres. Cette monnaie a perdu progressivement de sa valeur aux yeux des populations autochtones. Vers 1890, un *mitako* valait officiellement 15 centimes, valeur imposée par les autorités belges. Elles décrétaient la même année que le *mitako* était désormais la monnaie officielle de l'État indépendant du Congo. Entre les populations, le *mitako* s'échangeait contre dix centimes ; en 1910, chez les Bakongo, il valait un centime car cette population produisait du cuivre traditionnel. (Voir encadré 8).

Le cauri, autre monnaie utilisée est un coquillage d'origine indo-pacifique de la famille des « cyprées » que l'on trouve principalement sous deux formes « moneta » et « annulus », très répandues sur le continent africain à partir du Xème siècle. C'est aussi une unité de compte et un étalon de valeur ; enfin le cauri peut servir à constituer une réserve de valeur soit à titre d'épargne soit en vue de paiements différé...

C'est ainsi que dans les premières années de la colonisation, leur utilisation pour le paiement de l'impôt de capitation semble avoir d'abord été encouragée avant d'être définitivement interdite. (Voir encadré 9).

Notre choix parmi ces trois monnaies qui ont circulé en Afrique, porte sur Mitako qui est la première monnaie à circuler en Afrique Centrale précoloniale et a joué un rôle important dans l'économie des pays de cette région.

Le *Mitako* la nouvelle monnaie pour la Communauté Economique des Etats de l'Afrique Centrale ?

La raison du choix est d'abord d'ordre historique, le Mitako est la première monnaie qui a circulé en Afrique centrale en tant que moyen d'échange. En effet, la première monnaie que Stanley a trouvée au Congo en 1880 est le mitako (baguette de laiton). Le fil de laiton, qui arrivait en rouleaux de 35 kg était découpé en baguettes de 2 cm. Fixée à 5 cm, la valeur de la baguette permettait de substantiels bénéfices.

Ensuite, mitako a été utilisé par plusieurs peuples de l'Afrique centrale. Cette monnaie, originaire du Moyen Congo est devenue prépondérante au Congo : les Ba-teke du Stanley Pool se le procuraient aux mines du Boko-Songo (Congo français) par l'intermédiaire des Manyanga, et le revendaient aux Ba-Yanzi de Bolobo qui l'écoulaient sur le haut-fleuve. Les Bobangui ou Ba-Yanzi appelaient muzanga, autre nom de mitako était utilisé comme instrument d'échange, mais a été refondu par des indigènes pour en faire des colliers, des bracelets, chez les mongos et comme chez d'autres peuplades. [Le Vte B.de Jonghe et Victor Tourneur, 1922]. Le Mitako était aussi appelé makouta subdivisé en miya qui valait 5 F dans les années 1940 le long du fleuve Oubangui [R-C Yavoucko, 1978].

En guise de conclusion

En 1994, les pays africains ont pris la décision ferme d'aller vers l'intégration économique et monétaire et se sont fixés une période de 34 à 40 ans pour l'atteindre. L'intégration économique est analysée comme un moyen de regroupement des pays africains vers un développement intégré et inclusif de l'Afrique et l'indépendance.

Les créations et les renforcements des communautés économiques régionales africaines dans les regroupements différents visent à atteindre cet objectif ultime qui est la création de l'union économique et monétaire de l'Afrique.

La création de la récente de la zone de libre-échange continentale est une étape importante.

La création de la communauté économique des Etats de l'Afrique de l'ouest (CEDEAO) en 1975 et plus tard la naissance de la monnaie unique, l'ECO en 2019 constitue des étapes importantes franchies par les pays de l'Afrique de l'ouest. L'opérationnalité de l'ECO en 2020 nous parait improbable, les conditions institutionnelles et économiques ne sont pas remplies. En effet, la banque centrale commune qui doit gérer la monnaie unique, les devises et définir la politique monétaire n'est pas créée. Un nombre important des pays ne remplissent pas les critères de convergence, condition conventionnelle d'intégration d'une union monétaire.

En Afrique centrale, les pays de cette zone ont créé en 1983, la communauté économique des Etats de l'Afrique centrale (CEEAC) et son renforcement a été décidé par la conférence des chefs d'État et de gouvernement de cette institution en décembre 2019 à Libreville, au Gabon. Si la création d'une monnaie unique n'était pas formellement inscrite à l'ordre du jour, son objectif est inscrit dans les textes fondateurs.

La question traitée dans ce livre est la problématique de la création d'une monnaie unique en Afrique centrale par les pays membres de la CEEAC. Mais, l'union monétaire doit être précédée de la création d'une union douanière et d'un marché commun. Notre étude a montré le retard accumulé dans le processus d'intégration économique dans cette région. Le renforcement de l'intégration économique dans tous ses aspects doit être l'objectif préoccupant des pays membres de la CEEAC. Progressivement, ces pays doivent mettre en place des politiques macroéconomiques semblables pour tendre vers la convergence des politiques budgétaires et fiscales dans l'objectif de la création d'une monnaie unique. En 2018, la quasi-totalité des pays membres de la CEEAC ne remplissaient pas les critères de convergence définis par les instances de l'union africaine.

Mitako, est le nom que nous proposons pour la nouvelle monnaie. En effet, cette monnaie a été utilisée avant la colonisation et a circulé dans la quasi-totalité des pays qui sont aujourd'hui membres de la CEEAC. Elle a joué le rôle classique d'une monnaie. C'est rendre hommage à nos aïeuls qui avaient bien organisé l'économie utilisant la monnaie comme moyen d'échange, contrairement à l'histoire écrite par les occidentaux.

BIBLIOGRAPHIE

Adda (J) : *Quelques remarques sur la parité du Franc CFA après Maastricht*, Observations et diagnostics économiques, N°41, 1992 ;

Alibert (J) : *UMOA et CEDEAO : vers une monnaie commune ?* Outre –Mers, tome 88, N° 330-331, 2001 ;

BAD : *Intégration du secteur financier dans trois régions d'Afrique,* 2010 ;

BAD : *Perspectives économiques en Afrique Centrale 2019, performances macroéconomiques et perspectives, régionale en Afrique centrale ;*

Bakoup (F) et Ndoye (D) : *Pourquoi et quand instaurer une monnaie unique dans la CEDEAO*, BAD, 2016 ;

Banque Centrale du Congo : *Etude sur l'efficacité de la politique monétaire du Congo,* juillet 2014 ;

Beji (S) et Oueslati (A) : *L'intégration financière régionale : Quels impacts pour les pays en développement ?* in Techniques Financières et développement, 2013 /2 N° III ;

Bélibanga (C) : *Etude critique de la politique de financement de la BEAC,* Thèse de doctorat, Université de Toulouse, 1986 ;

Ben Hammouda (H), Karingi (S-N), Njuguna (A-E) et Sadni Jallab (M) : *La convergence macroéconomique conduit-elle à la croissance ? Le cas de l'Afrique*, 2009 ;

Bibliothequer : *L'adhésion du Maroc à la CEDEAO : Quels apports pour l'économie Marocaine ?* 12 juin 2019 ;

Bourdet (Y) : *Limites et défis de l'intégration régionale en Afrique de l'Ouest* in Counrtry Economic Report 2005 : 6 ;

Boutillier (J-L) : *Les cauris en tant que monnaie dans le sud-ouest du Burkina Faso au XXe siècle*, 1972 ;

CEA Bureau sous-régional pour l'Afrique Centrale : *Prospectus sur l'Etat de l'Intégration en Afrique Centrale*, 2008 ;

CEA et UA : *État de l'intégration régionale en Afrique, vers l'intégration monétaire et financière en Afrique, 2008 ;*

CEA : *Prospectus sur l'Eta de l'intégration en Afrique centrale*, bureau sous régional pour l'Afrique Centrale, 2008 ;

CEA/UA : *État de l'intégration Régionale en Afrique III, Vers l'intégration monétaire financière en Afrique*, 2008 ;

CEDEAO et UEMOA : *Livre blanc pour une politique régionale*, janvier 2006 ;

CEDEAO : *Rapport de la convergence 2016*, juillet 2017

CEMAC/CEEAC : *Livre blanc de la CEEAC et de la CEMAC, Politique régionale pour un accès aux services énergétiques modernes et le développement économique et social 2014 – 2030 ;*

Chauveau (J-P) : *le fer, l'outil et la monnaie*, Cahiers ORSTOM, 1984 ;

Cissé (C-B) : *Les échos de l'ECO*, Financial Afrik, 21 juillet 2019 ;

CNUCED : *Le développement économique en Afrique, commerce intra-africain : Libérer le dynamisme du secteur privé*, Rapport 2013 ;

Commission Union Africaine : *Agenda 2063, l'Afrique que nous aimons, document cadre,* septembre 2015 ;

Condé (L) : *Trois essais sur la monnaie unique de la CEDEAO et les défis associés,* Thèse de doctorat, Université d'Auvergne, Clermont-Ferrand I, 2012 ;

Déby Itno, (I) : *L'Afrique doit avoir sa propre monnaie*, Août 2016 ;

Diallo (A) : *Fondements économiques et faisabilité du projet de création d'une zone monétaire unique en Afrique de l'Ouest,* Thèse de doctorat, Université Lumière Lyon 2, 2008 ;

Dossou Fado (O) : *Un collectif d'économistes dénonce l'inefficacité du FCFA dans un livre*, Conférence-débat, Paris 2016 ;

Dupuy (F) : *Les « monnaies primitives », Nouvelles considérations, Edition EHESS*, 2009 ;

Edouma (P) : *Aperçu sur les monnaies d'Afrique*, In Revue numismatique, 6émé série Tome 157, année 2001 ;

Fonds Monétaire international : *Perspectives économiques régionales ; Afrique subsaharienne, reprise dans un contexte de grande incertitude,* Avril 2019 ;

FRIEDMAN (D) : *La CEEAC en panne d'échanges, CAPECO Africa ;*

Gelbard (E) : *Développement financier en Afrique subsaharienne : les enjeux pour une croissance soutenue,* Fonds monétaire International ;

Groupe Banque Africaine de Développement : *Perspectives économiques en Afrique 2019 ;*

Guillaumont (P), Geourjon (A-M) et Guerineau (coordonnée par) : *Évaluation des gains attendus de l'intégration économique régionale dans les pays de la Zone Franc,* Ferdi, 2012.

Hugon (P) : *Les avatars de la zone franc face à l'Euro*, 1994 ;

Jedlane (N) et Saïdane (D) : *intégration financière et gouvernance régionale en Afrique du Nord : leçons et scénarios* in Techniques Financières et Développement 2013, N° III ;

Kako (N) : *Instauration d'une monnaie unique dans l'espace CEDEAO et développement d'un marché régional intégré en Afrique de l'Ouest : Quelles liaisons ?* Passerelles, Volume II, Number 1, 2010 ;

Kam Yogo (E) : *Le processus d'Intégration Régionale en Afrique Centrale ; Etat des lieux et défis*, Center for European Integration Studies, N° 27, 2016 ;

Koffi (N-T) et Koffi (B-K) : *La question de la libre circulation des biens dans l'espace CEDEAO (1975-2015),* Revues d'Interventions Economiques Hors-série, 2017 ;

Kotchoni (R) et Medenon (A) : *Impact d'une monnaie unification monétaire de la CEDEAO sur l'économie Béninoise*, Revue d'Analyse des Politiques Economiques et Financières N°1, Février 2018 ;

La rédaction de Mondafrique : *Six raisons rationnelles de contester le Franc CFA*, 2015 ;

Laffiteau (E) et Rokiatou (S-K) : *La monnaie au sein de la CEDEAO : enseignements d'une analyse en cluster,* Revue d'Economie du Développement, (Vol. 24), 2016 ;

Laurentjoye (T) : *Théorie des zones monétaires : critiques de l'orthodoxie et perspectives de refonte*, 2014 ;

Linge (I) : *Monnaie unique de la CEDEAO : Pourquoi le big-bang monétaire de 2020 ne peut prospérer*, Finance, 2017 ;

Lopes (C) *: L'intégration pas à pas, finance et développement,* juin 2016 ;

Loup viallet : *L'ECO, une monnaie unique pour dominer l'Afrique de l'Ouest,* Questions Africaines, 2019 ;

MAKAYA GABOUA (S.P) : *La stratégie de diversification économique des pays des Grands Lacs, facteur de stabilité et de développement : une analyse du Burundi, du Congo et de République Démocratique du Congo.*

Masson (P) et Pattillo (C) : *Une monnaie unique pour l'Afrique ?* Finances et Développement, Décembre 2004 ;

Max – Savi (C) : CEDEAO/FCFA *: La guerre secrète des dirigeants autour de la monnaie unique*, Afrika Stratégie Group, 2019 ;

MBOUANDI NJIKAM (M) et AVOM (D) : *Intégration par le marhé, cas des pays de la CEEAC,* Université de Yaoundé II *;*

Mignamissi (D) : *Monnaie unique et intégration : CEEAC et CEDEAO*, BAD, 2017 ;

MOUTOU-NKOUNKOU (S-M) : *Etude comparative de deux processus d'intégration régionale économique en Afrique subsaharienne : Le cas de la CEEAC et de CEDEAO,* Janvier 2019 ;

Nyamugira Biringanine (A) et Kabuya Kazenga (S) : Stabilité macro –économique en RDC : *Mise en évidence de rôle du taux de change et de croissance économique*, REMES, N ° 8, janvier- juin 2018 ;

Prao Yao (S) : *La convertibilité de Franc CFA : Mythe ou réalité,* 2007 ;

Rapport annuel de la Zone Franc, Banque de France, 2012 ;

Rivallain (J) : *Monnaies d'Afrique : Visions africaines et européennes,* in Revue numismatique, 6émé série Tome 157, année 2001 ;

Schuler (K) : *Les institutions monétaires et le sous-développement : histoire et recommandations pour l'Afrique,* Labyrinthe, 2003 ;

Soumaila (D) : *Surliquidité bancaire et « sous-financement de l'économie, une analyse du paradoxe de l'UEMOA*, Revue Tiers Monde 2001/1 (N° 205) ;

Suy (k-J) : *Le Franc CFA est-il l'ennemi de l'ECO ?* BBC News Afrique, 22 Juillet 2019 ;

Sy (C-S) : *Du franc CFA à l'ECO : Brève histoire d'une monnaie controversée*, juillet 2019 ;

Tapsoba (S J-T) : *Intégration monétaire africaine et changements structurels,* Thèse de doctorat, Université d'Auvergne, Clermont-Ferrand I, 2009 ;

Tchundjang Pouemi (PJ) : *Monnaie, servitude et liberté : la répression monétaire de l'Afrique,* éd Jeune Afrique, 1980 ;

Vera (S) : *L'intégration économique en Afrique : un processus en cours*, Popicy Center, 2019 ;

Yavoucko (C-R) : *Crépuscule et défi, Kitè na kitè,* Harmattan, 1978

Table des matières

DEUXIÈME PARTIE
LA PROBLÉMATIQUE DE LA CRÉATION D'UNE UNION MONÉTAIRE À MONNAIE UNIQUE EN AFRIQUE CENTRALE

Structures éditoriales du groupe L'Harmattan

L'Harmattan Italie
Via degli Artisti, 15
10124 Torino
harmattan.italia@gmail.com

L'Harmattan Hongrie
Kossuth l. u. 14-16.
1053 Budapest
harmattan@harmattan.hu

L'Harmattan Sénégal
10 VDN en face Mermoz
BP 45034 Dakar-Fann
senharmattan@gmail.com

L'Harmattan Cameroun
TSINGA/FECAFOOT
BP 11486 Yaoundé
inkoukam@gmail.com

L'Harmattan Burkina Faso
Achille Somé – tengnule@hotmail.fr

L'Harmattan Guinée
Almamya, rue KA 028 OKB Agency
BP 3470 Conakry
harmattanguinee@yahoo.fr

L'Harmattan RDC
185, avenue Nyangwe
Commune de Lingwala – Kinshasa
matangilamusadila@yahoo.fr

L'Harmattan Congo
67, boulevard Denis-Sassou-N'Guesso
BP 2874 Brazzaville
harmattan.congo@yahoo.fr

L'Harmattan Mali
ACI 2000 - Immeuble Mgr Jean Marie Cisse
Bureau 10
BP 145 Bamako-Mali
mali@harmattan.fr

L'Harmattan Togo
Djidjole – Lomé
Maison Amela
face EPP BATOME
ddamela@aol.com

L'Harmattan Côte d'Ivoire
Résidence Karl – Cité des Arts
Abidjan-Cocody
03 BP 1588 Abidjan
espace_harmattan.ci@hotmail.fr

Nos librairies en France

Librairie internationale
16, rue des Écoles
75005 Paris
librairie.internationale@harmattan.fr
01 40 46 79 11
www.librairieharmattan.com

Librairie des savoirs
21, rue des Écoles
75005 Paris
librairie.sh@harmattan.fr
01 46 34 13 71
www.librairieharmattansh.com

Librairie Le Lucernaire
53, rue Notre-Dame-des-Champs
75006 Paris
librairie@lucernaire.fr
01 42 22 67 13

www.ingramcontent.com/pod-product-compliance
Lightning Source LLC
LaVergne TN
LVHW010939051026
849532LV00003B/1045
* 9 7 8 2 3 4 3 2 1 7 4 0 6 *